鎌倉

Kamakura

裏風景

在地人才知道的
私藏路線×絕景秘境×深度文化，
來場大人旅的深度休日提案

推薦序

鎌倉深度慢旅，悠遊古今湘南

曾經寫過東京、北陸、四國等地深度旅遊書的Aska老師，這次要出版一本介紹鎌倉的書，當我聽到這個消息時，感到非常喜悅，因為那裡確實是一個很適合由他介紹的地方。

對於在東京長大的我來說，鎌倉是一個既近又遠的城鎮，坐電車不到一小時就可以到達。但要真正了解這個擁有約一千年歷史的城鎮，並不容易。我雖然曾幾次去看過鎌倉大佛和鶴岡八幡宮，但是無法解釋它們有什麼典故，我想大部分的日本人都是這樣。

Aska老師的旅遊書兼具實用書和研究書的長處，這本鎌倉也是。首先詳細介紹鎌倉周邊的概況，包括地理、節慶、特產、交通、住宿，還有安排針對親子、體力充沛的人、藝術和歷史愛好者等的推薦路線。

接下來是對各個景點的解說。Aska老師的講述很親切，且充滿臨場感，談到歷史的部分，讓人感覺彷彿在讀歷史小說一樣，例如提及「壇之浦之戰」（第78頁）中的「平家全軍覆沒、血染汪洋，鮮紅的平家大旗漂浮在瀨戶內海上，如同秋天的楓葉」等。書中還包含許多關於食物的知識，例如在第162頁談到的けんちん汁，我吃過這個料理很多次，但第一次知道它的名字據說來自於鎌倉的建長寺。

另外，隨處都引用了以鎌倉為背景的小說、電影、動畫和漫畫，例如《門》、《鎌倉殿的13人》、《鎌倉物語》、《海街日記》等，這些都有助於讀者更容易理解這個地方的同時，也會激發對這些作品的興趣。在談及「鏑木清方紀念美術館」、「博古堂」、「葉祥明美術館」等地方，還解說藝術作品。這本書不僅是一本精彩的旅遊指南，還是一本引領讀者認識日本文學和藝術的書籍。

正如Aska老師所言，鎌倉是由武士創建的城市，崇尚質實剛健的武士精神，散發的氛圍與京都有所不同。我們帶著這本書，一起踏上時空旅行吧！

大洞敦史 DAIDO Atsushi

作家、翻譯家。一九八四年生於東京，明治大學理工學研究科碩士課程畢業。二〇一二年移居台灣台南市，蕎麥麵餐廳「洞蕎麥」經營五年後，設立「鶴恩翻譯社」。著書有《遊步臺南》（繁體書，皇冠文化）、《臺灣環島─南風のスケッチ》，日譯書《フォルモサに吹く風》（福爾摩沙三族記）、《君の心に刻んだ名前》（刻在你心底的名字）、《台湾 和製マジョリカタイルの記憶》（台湾老花磚的建築記憶）等。

作者序

鎌倉，深度休日提案

睽違四年半，二〇二三年我再次回到鎌倉。

折騰將近三年的疫情已然遠離，日本各觀光景點又恢復以往的生氣，古都鎌倉更是遊人如織，午後我在友人的帶領下前往長谷。九月中旬節氣明明已近秋分，鎌倉依然暑溽如夏，這趟商務出差從近畿大移動到關東，連日來馬不停蹄地拜訪、會議、見學、商談、口譯，身體已略感疲憊，加上先前已多次來過「高德院」，甚至連五十年一度的整修也遇過，舊地重遊，原本並未抱著太大期待。

當我順著石坂路走入境內，經過手水舍後一個左轉，鎌倉大佛倏然出現在遠處前方，那一刻內心的怦然悸動至今依然難忘。我走近凝視大佛平靜安祥的面容，一股熟悉與感動油然而生，清新的空氣飄散著淡淡線香的味道，我腦海中對於鎌倉種種的美好回憶，瞬間都回來了。

我與大佛、或可說與鎌倉結識甚早，二十幾年前跟著旅行團，在導遊的帶領下就曾短暫停留鎌倉並參觀高德寺。二〇〇五年第一次規劃東京自助旅行，短短五天行程，特別空出一天，搭乘橫須賀線前往鎌倉一日遊，深秋的圓覺寺楓紅似火、鶴岡八幡宮香火鼎盛、小町通妙趣橫生，讓我印象極好，自此只要是安排關東的旅遊行程，我都會抽一天遠離都心、來到這靠海的小城市，每次一抵達，總是有「我回來了」的親切感。

二〇一六年起，工作上和江之電開始展開密切合作，有了這個好因緣，我來鎌倉的次數持續增加，無論寒暑晴雨，都曾留下足跡。對我來說，鎌倉或許稱不上是一見鍾情，但無疑我已深深喜歡上這裡，每當有朋友問我東京自由行可以去什麼地方，我總是推薦一定要到鎌倉走走，感受古都的迷人風情。

不過造訪次數雖多，讓我有些汗顏的是，過往前來鎌倉旅遊，大多以前往知名景點為滿足，缺少沿途中的停步思索，錯過不少鎌倉累積數百年的文史脈絡。也由於距離東京甚近，交通便利、可及性太高，有些人難免有近廟欺神的心態，認為鎌倉太大眾化、灌籃高手平交道就像菜市場一樣，不似某某秘境那般高尚，少了可以逢人炫耀的旅遊事蹟。

其實這都過於小看鎌倉了。

鎌倉面積雖然不大，但令人驚訝的是，城市的歷史紋理極為豐富，可以在一日之內穿梭在平安末期的神社、鎌倉時代的禪宗佛寺與幕府舊跡，轉進像是迷宮的蜿蜒小路，能感受昭和時代文豪川端康成生活的足跡，跳上明治年間開業的百年江之電，沒多久就能看到蔚藍大海。來到鎌倉，一天之內彷彿可以穿越好幾個不同的時空，放眼日本，大概很難找到第二個像鎌倉這樣的地方，如此深邃動人。

在出版社的提議下，原本打算在二〇一九年就寫一本以鎌倉為題的書，不過先有《去東京自助旅行》一書插隊，之後又被世紀瘟疫攪局，嚴重打亂了生活秩序，出國成了奢望，這個計畫轉眼就延宕了五年，如今總算有機會實現。

然而我在書寫鎌倉的同時，越是發現自身知識的淺薄，這時才猛然驚覺，過往多流於走馬看花，沒有好好領受史蹟散發的韻味，心想當時要是多做點功課、早點得知這些故事就好了，隱藏在神社佛閣之間的歷史幽光，才是鎌倉最動人的篇章啊！正巧二〇二二年NHK播出大河劇《鎌倉殿的13人》，三谷幸喜卓越的劇本，引領著我入門了解八百多年前那段源賴朝創建鎌倉幕府的歷史，我認真地做筆記，搭配廣泛閱讀史料與相關文學著作，才逐漸理出寫作的頭緒。

這是一本以旅遊為出發點的書，融合著自身多次到訪經驗。書中提到許多與這座城市息息相關的典故和歷史，不過我未受過專業的史學訓練，與鎌倉有關的歷史研究又是如此浩瀚，加上語言的隔閡，想要詮釋或許有些不自量力，但我仍試圖將其與景點結合，希望讓讀者能從中感受鎌倉作為觀光城市之外的內涵及魅力，越發喜歡這個地方。

這次能夠成書，首先要感謝創意市集出版社，我的責任編輯李素卿小姐，她鍥而不捨的提議，才讓這本書有問世的機會。更要感謝我的日本友人岡林涉先生，我們因江之電的合作案相識，由於年紀接近、興趣相仿，認識之後很快就成為好朋友。岡林先生學識涵養豐富，也是一位優秀的作家、攝影家，在鎌倉土生土長，非常熟悉當地的歷史人文。疫情後的二〇二三年九月，我再次回到鎌倉，頂著三十度的艷陽，岡林先生連續幾天帶領我進行一趟無比深入的鎌倉巡禮，同時拜訪寺院店家，商請同意取材。實際動筆之後，每當我遇到有不解的疑惑，他也總是耐心地回覆說明，友情提供的照片，無一不精彩動人，為本書增色許多，可以說要是沒有岡林先生的鼎力相助，這本書將無法如此順利付梓出版。

同時我也要感謝建長寺、長谷寺、圓覺寺同意取材刊載，鎌倉市觀光協會、藤澤市觀光協會提供照片，以及葉祥明美術館、鎌倉彫資料館、石渡源三郎商店、THE CIRCUS KMAKURA，在我前往參觀取材時，善意客氣的接待，在此一併致謝。

鎌倉是我的第五本書。每本書的撰寫出版，獲益最多的其實是自己，從第一本四國初探幕末明治歷史，接下來寫北陸開始涉略戰國風雲，著筆東京時認識承平的江戶，這次寫到鎌倉，則補足平安末期到鎌倉幕府的這段空白，每次的書寫，都讓我逐步建構起對日本史更全面的認識，是無法用金錢衡量的收穫與成長。

身為一個業餘作家，很慶幸持續有寫書出版的機會，每天在工作之餘，再擠出四、五個小時伏案書寫、閱讀資料，固然不算輕鬆的差事，但興之所至，倒也不覺得辛苦，而且思緒屢屢不住神遊鎌倉，是最真誠的懷想。

我想起日劇《倒數第二次戀愛》裡的小泉今日子，為了尋找未來離開職場的老後歸宿，毅然決然在御靈神社前買下房子，在鎌倉開啟一段新的人生。雖是虛構的故事，但能在山海環繞的小鎮生活，讓人感到無比羨慕，我也不禁暗自遐想自己未來在鎌倉長住生活的樣子，期待著哪一天終會實現。

Aska

4 鎌倉

5 北鎌倉

6 江之電途中下車之旅

本書所列相關資訊以2024年5月為基準，資訊因時因地會調動，出發前請利用書中的網址再次確認。

1 歡迎來到鎌倉物語的世界

認識武士之都鎌倉

記得曾在某一本書看到這樣形容鎌倉：「這是一座被山與海包圍、擁有豐富自然景觀的古都，不管來過幾次都不會膩。」短短幾個字，也許尚無法完整描述這座歷史悠久的城市，卻也不禁讓人對這個地方充滿好奇。

鎌倉位於東京都心西南方約五十公里處，是一座已然擁有超過八百年歷史的古老城市。在日本從古代進入中世紀轉換期的西元一一八〇年，源賴朝舉兵進入鎌倉作為根據地，之後滅亡平家，逐步平定全日本。一一九二年，源賴朝被朝廷任命為征夷大將軍，鎌倉幕府成立（註），由於日語數字一一九二的念法「いいくに」和「好國家」諧音，也成了日本人在教科書上必然背誦過的年份。源賴朝以鎌倉殿與御家人間的主從關係，建構出武家政權，奠定了一直延續至江戶

開創鎌倉時代的源賴朝像

幕府（一六〇三～一八六七年），日本歷史上長達六百七十五年的武士統治國家的時代。

源賴朝創建鶴岡八幡宮，作為源氏與和鎌倉的守護神，也成了日後東國社會的精神與信仰中心，從由比ヶ浜（由比濱）海岸到鶴岡八幡宮一直線延伸約二公里的參道「若宮大路」，參考京都的朱雀大路，是源賴朝打造城市第一步，並奠下日後鎌倉的發展雛形。到了一二三〇年，鎌倉市町的建設幾乎已全數完成，幕府迎來全盛期，這時的鎌倉，無論政治、軍事、外交、文化等各個面向，都可說是日本的中心。

一三三三年，後醍醐天皇發起討幕戰爭，武將新田義貞攻入鎌倉，終結鎌倉幕府。不再是政治中心的鎌倉頓時失去活力，一度非常沒落，所幸作為武家政權的發祥地，備受德川家康推崇，他以鶴岡八幡宮為中心，致力保護並復興眾多寺社。一六八五年，德川光圀（原名光國，五十二歲以後改用國的異體字「圀」為名），也就是後來以「水戶黃門」形象廣而為人知的常陸水戶藩第二代藩主，依親身遊歷鎌倉之見聞所編撰的《新編鎌倉志》刊行，可謂元祖的鎌倉旅遊書，江戶中期以後，從各地前來江之島與鎌倉參詣巡遊的庶民開始增加，憑藉著地理位置之便，鎌倉逐漸進化為觀光地，並成為浮世繪畫家筆下熱衷的題材。

鐵道橫須賀線於一八八九年開通，鎌倉再次因海水浴場、別墅而受到矚目，明治到大正年間，別墅區可說是支撐鎌倉發展的關鍵。三面淺山環繞一邊臨海的豐富自然環境，到了昭和時代，吸引川端康成、小林秀雄等熱愛鎌倉的文學家及文化人在此居住或長期停留，「鎌倉文士」名號也享譽全日本。承襲豐富的歷史文化，鎌倉不只吸引日本人，在文學、戲劇、電影、動漫的帶動下，如今已成為海內外遊客必訪之地。

（註）另有一派學者認為一一八五年源賴朝獲得朝同認可，得以設立「守護」與「地頭」，這一年即可視為鎌倉幕府設立之年，現在日本的教科書採用兩種併陳的說法。

鎌倉的地理位置與氣候

鎌倉市位於神奈川縣南部，面積將近四十平方公里，分成鎌倉、腰越、深沢、大船、玉繩五個區域。

在地理環境方面，鎌倉被不滿二百公尺的多摩及三浦丘陵群包圍，最高峰「大平山」標高一百五十九公尺。從八百多年前開始，在群山環繞、地形略顯複雜稱為「谷戶」的山麓間，鎌倉殿動用御家人，與山爭地，逐漸將古稱「鎌倉中」的城市開闢出來，面積只有現在鎌倉市的三分之一，不過卻曾有多達將近三萬人居住，顯見當時的繁榮。直到近代，鎌倉依然沒有經歷過度的開發，得以保有優美的自然環境，不管站在什麼地方，都能看到濃綠潤澤的淺山。鎌倉的南側是廣闊的相模灣，長達七公里的海岸線，擁有材木

由比濱海岸

鎌倉山林繚繞是環境上的一大特色，照片為朝夷奈切通し（写真提供：鎌倉市観光協会）

座、由比濱、腰越三座海水浴場。

市區全年的平均氣溫約十六．二度，最多遊客造訪的夏季是最炎熱的月份，七、八月的高溫會不時超過三十度，加上靠海的關係，濕氣較高。鎌倉的夏天固然炎熱，不過有海洋調節，加上豐饒的山林草木，不會像東京都心或橫濱市的水泥叢林那般讓人難耐，但有時仍會達到日本氣象廳定義的「猛暑日」，也就是超過三十五度高溫，旅遊時須提防中暑或熱衰竭。在夏秋之際亦偶有颱風登陸侵襲的情形。

至於冬天，最低溫雖偶爾會接近零度，但並不常下雪，不過海風吹來，依然會冷到讓人直打哆嗦。

鎌倉特色

鎌倉是日本歷史上第一個由武士建立的武家政權，幾百年來雖然歷經政權更迭與多次天然災害，但躲過二次大戰的戰火，整座城市依然保留著數百年來的發展紋理與脈絡。

以八百多年歷史的鶴岡八幡宮為首，鎌倉有眾多神社佛閣，總數超過一百五十處，可說是一座神明無所不在的城市，也是鎌倉旅遊的重點。這些寺院大多擁有悠久的歷史，並發展出各自的特色，像是長谷寺和明月院的紫陽花（アジサイ、即繡球花）、報國寺的竹林。明治時代文豪夏目漱石為了治療神經衰弱的症狀，曾前往北鎌倉的圓覺寺參禪，並寫在小說《門》中，書中對於寺內有諸多寫實的描繪，也讓更多人認識這座臨濟宗大本山的禪宗寺院，名列鎌倉五山第一的建長寺建築更是宏偉，錯過就太可惜了。鎌倉時代曾在相模灣海上建造一個人工築港「和賀江嶋」，透過這個港口與當時中國的宋、元進行頻繁的貿易交流，禪宗、禪宗建築、佛像雕

圓覺寺

和賀江嶋（写真提供：鎌倉市観光協会）

刻、漆器等等各種中國文化也隨之傳入，歷經數百年歲月，鎌倉現在依然傳承著這段曾經繁榮的歷史與文化，持續在各個地方發揚著。

來到鎌倉，遊客往往不會只將腳步停在寺院神社之內，因為這裡還有漫長的海岸線，材木座和由比濱都是關東知名的海水浴場。若不戲水，跳上江之電，往藤澤的方向，來一趟途中下車之旅，因弁財天及神龍傳說而廣為人知的江之島非常精采，自江戶時代開始，就是庶民絡繹於途的參拜聖地。

鎌倉更是備受日本影視劇組或綜藝節目青睞的取景地，只要是喜歡日本連續劇或電影的人，必然或多或少都看過以鎌倉或湘南海岸為舞台拍攝的畫面，走著走著，也許眼前突然出現的場景，會喚醒腦海中的美好回憶。

清幽的古剎名寺、險峻又綠意盎然的淺山、近在眼前的平穩大海，慢慢走訪品味充滿故事的鎌倉和江之島，停留個三、五天都顯得匆忙。

必買伴手禮

鎌倉紅谷
クルミッ子

香司鬼頭
天薰堂線香

豐島屋
鴿子餅

鎌倉
LESANGES

鎌倉五郎
半月

鎌倉彫

江之電
瓦仙貝

江之電原創商品

權五郎力餅

女夫饅頭

たたみいわし

江ノ電ナボナ

海鮮仙貝

江ノ電最中

鎌倉旅遊二三事

▨鎌倉是關東首屈一指的觀光勝地，終年人潮不斷，加上大量的修學旅行團體，疫情前每年可吸引約二千萬人次觀光客造訪。眾多的旅遊人潮，每到用餐時間，餐廳總是擠滿了觀光客，熱門的名店更絕對是大排長龍，因此經常出現所謂的「午餐難民」，也就是找不到餐廳可以吃飯的人。因此來鎌倉旅遊時，如果有想要前往的餐廳，建議提前預約，或是避開用餐時段，稍微提前或是延後一些，以免時間都花在排隊上了。

▨在高雄柴山，大家都知道要小心台灣獼猴搶食，來到鎌倉則是要留意在天上盤旋的「鳶」，也就是俗稱的老鷹。鎌倉有山又有海，良好的自然環境適合老鷹繁衍，數量也越來越

知名店家的排隊人潮

鎌倉四處都能看到老鷹

在戶外務必留意老鷹搶食

多，被老鷹搶食的案件也層出不窮。我就曾經在鶴岡八幡宮的參道上目睹老鷹搶劫的一幕，有個日本女孩開心地拿著剛做好的可麗餅，還沒來得及品嘗，就被老鷹以迅雷不及掩耳的速度，從後面偷襲搶走，在小說《鎌倉漩渦服務中心》中，也有主角坐在由比濱沙灘被老鷹搶走麵包的情節。因此在戶外吃東西時，要避免在空曠的地方，最好選擇屋簷、陽傘下，或是背對著建築物。當然，最安全的作法就是如果看到老鷹在空中盤旋，就不要再拿東西出來吃了，不然被搶走食物事小，一不小心被老鷹鋒銳無比的利爪抓傷，可就讓人遊興盡失了。

▨鎌倉市區道路是出了名的狹窄，平時就很容易塞車，沿著海岸線雙向各只有一個車道的國道134號線，對週末假日開車前來的遊客來說更是一大夢魘。不過台灣人到鎌倉觀光基本上不會選擇開車，而是以搭乘江之電移動居多，因此不會有這方面的困擾。搭乘江之電雖然不會塞車，但如果遇到大旺日，例如五月黃金週、修學旅行人數尖峰的十～十一月，有時光是排隊進入江之電鎌倉車站內就得耗費很可觀的時間，特別是紫陽花盛開的六月份，熱門車站長谷往往得等個好幾班車才能勉強擠上車，因此在規劃行程時，建議還是多預留一些餘裕，時間不要抓得太緊，才不致延誤到後面的行程。使用後背包的遊客也請記得要入境隨俗，人多擁擠時務必要將包包放到胸前再搭車。

▨日本和台灣一樣，都是地震頻繁的國家。一九二三年發生的關東大地震曾帶給鎌倉極大的災害，專家預測在未來三十年內，南海海槽發生大地震的機率高達七十～八十％，面海的鎌倉也將首當其衝，遭遇海嘯侵襲，最糟的情況下，預估在地震發生八分鐘後就會襲來。為了讓市民平時就具備防災意識，鎌倉市役所在市區主要地點都標示著海拔高度，部分的電線杆或路面上也標示避難場所指示，如有看到不妨稍微停步留意一下，真的遇到災害時，可為自己爭取多一點逃生時間。

江之電旺季人潮相當可觀

電線杆上的避難場所指示

鎌倉住宿

疫情發生前，每年可吸引約二千萬人次觀光客造訪的鎌倉，無疑是日本首屈一指的旅遊勝地，然而鎌倉市內的大型旅館卻是非常稀少。

位在若宮大路二之鳥居旁，距離車站約二分鐘步行距離的「鎌倉大都會酒店」（ホテルメトロポリタン鎌倉），和 MUJI 無印良品合作，擁有近一百四十間客房，是鄰近ＪＲ鎌倉駅少見的旅館規模。位於鎌倉駅西口徒步約四分鐘的「TOSEI HOTEL COCONE 鎌倉」（トーセイホテルココネ鎌倉）擁有大約七十間房，現代日式風格亦頗受外國遊客喜愛。另一家「鎌

鎌倉大都會酒店

倉青山」也距離鎌倉駅不遠，客房大約是 TOSEI HOTEL COCONE 鎌倉的半數，一樓有寬敞的餐廳是最大特色。

這些立地佳的旅館往往也伴隨較高的房價，預算先決者，可將目標鎖定藤澤市區，車站附近有各式各樣的商務旅館可供選擇，例如南口的「Super Hotel」（スーパーホテル湘南・藤沢駅南口）、「Hotel 法華 Club」（ホテル法華クラブ湘南藤沢）、「8Hotel」（8Hotel 湘南藤沢）「Smile Hotel」（スマイルホテル湘南藤沢），或是北口的「Almont Inn」（アルモントイン湘南藤沢）、「東横 Inn」（東横 Inn 湘南鎌倉藤沢駅北口）、「Hotel Wing」（ホテルウィングインターナショナル湘南藤沢）等，不但房間數多，價格也比較實惠，而且藤澤車站附近超市、藥妝、百貨店、餐廳的數量豐富，比起住在鎌倉市內，這一區的生活機能顯得更加優越。

藤澤車站北口的東横 Inn 是實惠的選擇

鎌倉歲時曆

①

2日　船おろし（坂之下海岸・材木座海岸）

4日　手斧始式（鶴岡八幡宮）

5日　除魔神事（鶴岡八幡宮）

25日　初天神祭・筆供養（荏柄天神社）

②

3日　節分祭（鶴岡八幡宮・建長寺・長谷寺・鎌倉宮）

23日　天長祭（鶴岡八幡宮）

③

24日　獻詠披講式（鶴岡八幡宮）

④

7日・8日　佛生會（極樂寺）

8日　灌佛會・花祭（建長寺）

第二到第三個星期日
鎌倉祭（鶴岡八幡宮及市內）
流鏑馬、靜之舞

中旬　舊華頂宮邸一般公開

⑤

5日　菖蒲祭（鶴岡八幡宮）

第三個星期日
長谷之市（長谷寺門前商店街）

28日　白旗神社例祭

⑥

1日起　紫陽花小路（長谷寺）

上旬　螢放生祭（鶴岡八幡宮）

30日　大祓・古神札燒納祭（鶴岡八幡宮）

7

7日　七夕祭（鶴岡八幡宮）

23日・24日　開山忌（建長寺）

不定期　鎌倉花火大會
（由比濱海岸・材木座海岸）

8

立秋及前後一日
夏越祭・立秋祭・實朝祭（鶴岡八幡宮）

10日　黑地藏緣日（覺園寺）

20日　鎌倉宮例祭（鎌倉宮）

9

第二個星期日
神幸祭・例祭（甘繩神明神社）

14～16日　例大祭（鶴岡八幡宮）
一年之中最重要的祭事

18日　面掛行列・例祭（御靈神社）

10

上旬　鎌倉薪能（鎌倉宮）

8日　繪筆塚祭（荏柄天神社）

中旬　舊華頂宮邸一般公開

中旬～11月上旬
湘南Candle（江之島）

第三個星期日
長谷之市（長谷寺門前商店街）

11

3～5日　寶物風入（建長寺）・國寶舍利殿特別拜觀（圓覺寺）

下旬～12月上旬
紅葉特別參拜（圓覺寺）・秋之夜間特別拜觀（長谷寺）

下旬～2月　湘南的寶石（江之島）

12

第一個週末
タンコロ祭（江之電極樂寺檢車區）

16日　御鎮座記念祭（鶴岡八幡宮）

18日　歲之市（長谷寺）

31日　大祓・除夜祭（鶴岡八幡宮）

鎌倉場景

獨特的城市氛圍，鎌倉是作家樂此不倦的創作題材，以鎌倉為背景的文學小說、電影、連續劇、動漫可說不勝枚舉，以下幾部是我個人偏愛的作品，以年代別排列介紹。

《門》小說

場景：圓覺寺

文豪夏目漱石的長篇小說代表作，以一對夫妻的家庭生活為故事主軸。主角野中宗助與阿米結婚多年，經濟狀況雖然窘困，但依然彼此相互扶持，無慾淡泊過著每一天。看似平靜的夫妻生活，卻背負著一段難以對外訴說的秘密，與永遠都無法逃離的罪惡感。宗助奪走昔日大學同窗好友安井的未婚妻，背負著沉重的心理包袱，兩人拋棄一切，來到東京過著安靜低調的生活。多年之後，當宗助從房東口中得知安井的消息後，翻攪出內心深處最幽微的不安，久久無法平靜下來，於是經由同事介紹，來到鎌倉坐禪，希望能夠透宗教頓悟，拯救不安定的自己。

夏目漱石細膩地刻劃夫妻間的互動，對於生活細節的描繪詳實，能從中了解明治時代的社會樣貌，展現高超的寫實主義功力。後半段在圓覺寺參禪的過程更是本書最精彩的情節，宗助與年輕和尚的對話、面對師父公案答辯時的挫折，都凸顯出內心依然茫然，即便已經站在門前，依然無能為力地被鎖在門外，似乎命中註定只能永遠在門外徘徊，呼應書名「門」這個主題。

《麥秋》 電影

場景：北鎌倉車站、高德院

小津安二郎在一九五一年執導的電影，由日本人心中有著「永遠的女優」之稱的傳奇女星原節子主演，描述住在北鎌倉間宮家的故事。家中二十八歲的女兒紀子（原節子飾）任職於貿易公司擔任秘書，有一天和遠道而來的大伯一同來到高德院，並肩坐在鎌倉大佛前，大伯說「該是結婚的時候了。」紀子問「大伯有沒有對象可以介紹？」純真燦爛的笑容，是令人難忘的經典一幕，也帶出家人與朋友期待紀子早日找到好歸屬的故事主軸。

簡單的故事，卻蘊涵層次豐富的感情，細膩地描繪著家人間的情感與牽掛，以及二戰後日本傳統家庭關係的轉變。原節子演技生動自然，雖然是黑白電影，卻絲毫不減一代巨星的風采。

《山之音》 小說、電影

場景：橫須賀線、高德院

諾貝爾獎文學獎得主川端康成，於五十歲時開始連載的長篇小說，以居住在鎌倉長谷的信吾、保子夫妻，及兒子修一、媳婦菊子兩代同堂的家庭為背景。六十三歲的信吾有一天忽然聽見山的聲音，雖然「懷疑是海的聲音，但果然還是山的聲音，類似遙遠的風聲，卻有幾近地鳴的深遠底力。聲音停止後，信吾這才感到恐懼。他渾身發冷，懷疑這該不會是在預告死期。」川端康成以無比敏銳的情感，寫出老年人面對老去，與生命即將走向人生終點的苦澀心理。

小說由〈山之音〉、〈蟬翼〉、〈雲焰〉、〈栗子〉、〈海島的夢〉……共十六個短篇組成，每一篇再分成數個即便獨立閱讀也很精采的小段落，川端康成運用各種象徵，將人物與情節串連起來，讓小說宛如連篇的詩歌集。信吾和保子結褵多年，內心卻依然難忘早逝的保子姊姊的美麗身影，對兒子外遇一事感到不解與氣憤，因而將情感投射到媳婦身上，疼惜的程度遠高於自己的親生女兒。看似平淡的日常家庭場景，每個段落都探向一份幽微、飄忽的情感，展現極為高超的寫作技巧，是川端康成眾多作品中，成就與評價最高的一部小說。一九五四年由導演成瀨幹雄拍成電影，由原節子主演，飾演媳婦菊子一角。

《鎌倉‧與山海共度的生活》 散文

場景：淨智寺、鶴岡八幡宮

直木賞作家安西篤子，老後回到有山海相伴的故鄉鎌倉長居，從花海環繞的春天下筆，款款寫下對鎌倉的深刻情感。安西篤子開頭就表明不想寫一本觀光導覽書，也不希望只是一本鎌倉的禮讚，而是從在地人的視角，寫下平時接觸之所見所聞與真實生活的鎌倉。於是鄰居家院子盛開的紅梅、騎著腳踏車的鎌倉夫人，或是令人頭疼的台灣松鼠、早晨的黃鶯、夜裡的昆蟲、花季時在各個角落都能看見的紫陽花風采，真實鎌倉的種種樣貌在安西篤子筆下生動顯明的浮現，看似有些瑣碎，但那種恬靜的平凡不就是鎌倉真正的魅力嗎？

這本書並與插畫家澤田重隆合作，他花了一年半時間多次往返鎌倉，完成上百幅精細完美的畫作，生動地捕抓當地的名所、花草與海街生活的古都氛圍，搭配安西篤子優雅流暢的文字，讓人對鎌倉生活多了一份嚮往。

《倒數第二次戀愛》日劇

場景：極樂寺站、御靈神社、鎌倉市役所、由比濱

富士電視台於二〇一二年播出的連續劇，描述中年人的愛情故事。四十五歲依然單身的吉野千明（小泉今日子飾）在東京的電視台擔任製作人，事業上是幹練的女強人，考慮到退休的老後生活，在姊妹淘的慫恿下搬到鎌倉，與五十歲喪偶、在鎌倉市役所擔任公務員的長倉和平（中井貴一飾）一家人成為鄰居。兩個總是各持己見的中年人，只要一說起話來就是拌嘴抬槓，在吵吵鬧鬧中發展出一段特別的友誼和愛情，劇情幽默有趣，留下無數令人產生共感的經典台詞。

全劇幾乎都在鎌倉取景，畫面帶入當地山海景點與市街生活，生動地向外傳達鎌倉的魅力，播出後掀起一股女性移住鎌倉的社會現象。由於廣受好評，二〇一四年再推出《續・倒數第二次戀愛》，同樣受到觀眾喜愛。

御靈神社

衣張山眺望（写真提供：鎌倉市観光協会）

《海街日記》 電影

場景：極樂寺站、極樂寺、江之島文佐食堂、由比濱海岸、衣張山

從小父母離異，居住在祖母留下老房子的香田幸（綾瀨遙飾）、佳乃（長澤雅美飾）與千佳（夏帆飾）三姊妹，於父親的喪禮中，遇見同父異母的小妹鈴（廣瀨すず飾），幸問小妹：「要不要來鎌倉？我們一起生活，四個人。」從此展開四姊妹相互扶持的鎌倉同居生活。

擅長「家庭」這個主題的導演是枝裕和，透過個性迴然不同四姊妹之間的相處，描述破碎家庭的重組過程。電影中無論是鎌倉的四季轉換、木造古民家、沙灘、祭典、花火、紫陽花、江之電，還是串連家庭的記憶與情感的吻仔魚蓋飯、海鮮咖哩、自家製梅酒，看似普通的日常，透過導演的鏡頭，將平淡的生活拍得優美動人，看完絕對會想要跟著片中人物，走訪電影的每個場景。

《山茶花文具店》小說、日劇

場景：鶴岡八幡宮、鎌倉宮、建長寺、八雲神社、本覺寺

名字取自鶴岡八幡宮的門匾上「鳩」的雨宮鳩子，由於童謠「鳩子波波」的關係，從懂事的時候綽號就是「波波」。父母離異，從小由外婆隔代養育長大的波波，每天都在練字中度過，到了高中時終於無法再忍受外婆嚴格的書法教導，叛逆變成109辣妹，上大學後逃離鎌倉，因為外婆過世，才回到從小成長的地方，並繼承外婆開在二階堂的文具店與代筆人家業。代筆人的工作是接受各種無法親自寫信的人委託，深入了解每個人的故事與事由後，選擇合適的字體和紙張，將委託者的心意透過手寫文字傳達出去，鳩子透過一次又一次的接案成長，逐漸體認到這項工作的精髓，並與過世的外婆和解。

生活上很照顧波波的隔壁鄰居芭芭拉夫人，氣質優雅，就像典型的「鎌倉夫人」，與神秘的男爵、國小老師帆子（綽號胖蒂）、咖啡店主守景四歲女兒QP妹

八雲神社

妹之間的日常互動，穿插在每個代筆委託案，更讓故事饒富趣味。二〇一六年原著小說被改編為連續劇在NHK播出，由多部未華子主演。

小川糸以自己實際在鎌倉居住的經驗，將鎌倉的景點與店家寫在書中，附上一張手繪地圖，讓這本小說儼然就像是鎌倉的私房觀光案內。書中對於紙筆的豐富知識，也讓這本小說猶如一本經典文房具的百科全書。本書出版後大受歡迎，小川糸也在一年半後推出續作《閃亮亮共和國》，讓讀者得以再度回味小鎮的溫暖人情。

建長寺

《古書堂事件手帖》小說、電影

場景：大船觀音、鎌倉文學館、御靈神社前平交道、長谷寺、妙本寺、舊華頂宮邸

作家三上延以鎌倉舊日風情街道為舞台，寫下一些關於古書，以及環繞在這些書籍旁人們的故事。小說描述一位年輕美女篠川栞子，在北鎌倉經營父親留下來的「文現里亞古書店」，熱愛閱讀的栞子生性文靜害羞，但只要一提到書就會變得像另一個人，生氣蓬勃，特別對古書有著極為淵博的知識與熱情，可以滔滔不絕講出每一本書的內容、版本演進或是作家軼事。店員五浦大輔則是從小就患有閱讀障礙，只要翻閱十頁就會冷汗直流、雙手顫抖，反差極大的兩人，共同解決形形色色圍繞在舊書與人之間的謎團。每個故事都會以一本日本知名作家的作品為主題，三上延以舊書為題材寫作，正是想將這些故事介紹給大家，也成為

鎌倉文學館

這部小說最大的魅力。

電影版改編自系列小說的第一部，由黑木華主演，飾演店長栞子，五浦大輔（野村周平飾）請栞子鑑定外婆（夏帆飾）

舊華頂宮邸

過世後留下的舊書《從此以後》（夏目漱石著），憑藉著對舊書的深厚知識與縝密的推理能力，栞子從中解開了一段半世紀前，大輔外婆不可告人的愛情故事，在追查密謀奪取珍貴的太宰治簽名初回版《晚年》的影舞者時，竟意外揭開大輔的身世。

現在與過去兩條時間軸穿插同時進行，並以著作的經典名句貫穿全劇，讓電影飄散濃厚的文學氣息，是再適合鎌倉不過的一部電影。

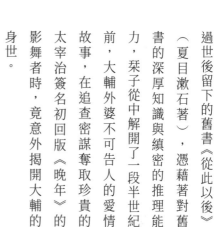

《鎌倉江之電殺人事件》

小說

場景：小町通、極樂寺站、鎌倉高校前、鎌倉大佛

擅長旅情推理小說的作家西村京太郎（一九三〇～二〇二二年），筆下最有名的角色十津川警部，辦案足跡幾乎踏遍日本全國各地的知名鐵道，當然，也沒有錯過沿途風光明媚的江之電。這本二〇一六出版的長篇推理小說，以一樁發生在東京的大學生被毒害的案件為開端，幾天後，在江之電沿線又出現一位女性被害者，兩件看似無關的殺人事件，唯一共通點是現場都有一台

江之電行走在七里濱

嫌犯特意留下來的江之電模型電車。面對如此重大刑案，為求早日破案，十津川警部親自來到鎌倉並搭乘江之電，廣泛且深入地調查相關證據，抽絲剝繭，終於推導出動機，順利逮到嫌犯。

這次西村京太郎不是以他擅長的時刻表推理來破解嫌犯的不在場證明，而是探討鐵道迷的行為與心理。

小說中有一章關於江之電最美景點的討論，提到極樂寺周邊、鎌倉高校前的相模灣海景，以及七里濱站附近的直線路段，讀到這裡，想必會讓曾經造訪過的讀者腦海浮現出鎌倉江之電的景致，相較於牽強的犯罪動機與略顯草率的推理過程，讓這本小說多了幾許可讀之處。

《鎌倉物語》 電影

場景：國道134號線、鎌倉高校前平交道、高德院、淨智寺、和田塚車站

「鎌倉幾千年來一直都是妖氣四溢、妖怪橫行，靈魂和妖怪都能與人和平共處。」年輕的亞紀子（高畑充希飾）與懸疑推理作家一色正和（堺雅人飾）結婚後，來到正和的出生地鎌倉定居。有一天亞紀子看到河童從面前跑過，透過正和的說明，逐漸了解自己來到一個神奇的地方，夜晚的鎌倉市街不但有妖怪，往生的靈魂也能化為實體存在。

陪伴老公專心寫作的平靜夫妻生活，有一天晚上發生劇變。千年以來一直想娶亞紀子為妻的天頭鬼，製造意外讓她死亡，靈魂被死神帶到黃泉之國。一色正和看過父親生前留下的原稿，得知去黃泉的方法，決定冒著自己可能也回不來的

鎌倉大佛

風險，搭乘江之電前往，誓言要將妻子解救出來。

電影情節簡單有趣、配樂優美，搭配細緻的ＣＧ特效，讓妖怪栩栩如生地在鎌倉橫行，華麗的黃泉更宛如電玩遊戲才會出現的想像世界。全劇與江之電密切結合，有日常的電車行駛畫面，還以現存唯一一輛１０８號車為原形，打造出通往黃泉的虛擬專屬電車，江之電也藉此開發出相關周邊商品。

《南鎌倉高校女子自行車社》

漫畫、卡通

場景：極樂寺站、湘南海岸、江之島、佐助稻荷神社

開學前一天舉家從長崎搬到鎌倉的舞春裕美，進入私立「南鎌倉高校」成為高一新生。許久不曾騎腳踏車的裕美，開學首日嘗

江之電極樂寺站

試騎車上學，差點發生意外，所幸遇到同校的學生秋月巴，耐心教她騎車，兩人正巧被編在同班，成為好友。裕美學會騎車後發現其中的樂趣，加上入學後遲遲找不到合適的社團，決定和秋月創立女子自行車社，由於班導師森四季也熱愛公路自行車，請她擔任顧問，社團成立後，同學們一起練習成長，並開始挑戰比賽。

松本規之的漫畫後來被改編為動畫，精細的畫風與流暢的畫面轉換，將鎌倉市街、江之電及各觀光景點栩栩如真地呈現，動畫第二集「鎌倉探索之旅」，秋月帶著裕美和四季老師，三人騎腳踏車遊覽鎌倉和江之島多個觀光景點，宛如旅遊指南。劇情多次提到台灣是自行車王國，最後一集更直接以台北和日月潭為舞台，讓人看了備感親切。這部動漫還包含交通規則、自行車騎乘技巧、購買及車輛保養知識，是一部洋溢著青春與熱血的有趣作品。

《鎌倉漩渦服務中心》

小說

場景：小町通、寶戒寺、荏柄天神社、鶴岡八幡宮、由比濱海岸

不小心在人生「走散」的人們，走進一對長得一模一樣的

小町通

雙胞胎老爺爺，和「菊石」所長經營的「鎌倉漩渦服務中心」，說出自己的故事，不論在人生的哪個階段遇到了什麼難題，舉凡工作、親子、結婚、同儕、轉職、老後，都能得到有幫助的諮詢服務，離開服務中心前能拿一顆神奇的糖果，遇到麻煩時可以吃。

故事橫跨整個平成時代，從令和元年（二〇一九年）回頭寫到昭和最後一年（一九八九年），六個以鎌倉為背景、六個遇到人生煩惱的主角，碰巧在小町通、由比濱商店街進入這個奇妙的異次元空間，在服務中心得到讓人摸不著頭緒的諮詢結果，一頭霧水地回到現實世界後，卻逐漸察覺到該如何向著人生選擇的方向勇敢前進。

看似彼此無關的短篇，青山美智子巧妙地串連起幾個關鍵的登場人物，讓讀者擁有上帝視角，可以在閱讀中逐漸察覺主要人物的成長歷程，是一部值得從頭再讀一次的精彩作品。故事結合各時代真實的重要事件，

荏柄天神社

像是消費稅調漲、熱門電視節目與流行事物，也為這部小說增添幾許懷舊感。

《鎌倉殿的13人》

日劇

場景：鶴岡八幡宮、大倉幕府、由比濱海岸

二〇二二年NHK的年度大河劇，以平安時代末期及鎌倉時代為背景，從一一七五年源賴朝受北条家監管展開劇情，一直演到一二二四年北条義時過世為止，故事橫跨將近五十年。

平治之亂後，被流放到伊豆的源賴朝，在北条家的保護與支持下，逐漸得到坂東武士的支持，舉兵與平家對抗。源賴朝指派軍事天才源義經領軍，在幾場關鍵戰役中大勝，滅亡平家，源賴朝受封征夷大將軍，開創鎌倉幕府。第二代將軍源賴家即位後，御家人和文官組成十三人的合議制，協助年輕的鎌倉殿決策，劇名也由此而來。

十三人之一的北条義時，一開始只是伊豆小豪族北条家的二少爺，後來成為輔佐源賴朝的御家人，逐步站到政治舞台中心，在第三代將軍源實朝遇刺身亡後，成為幕府的實際掌權者，並透過殘酷血腥的政治鬥爭，清除其他勢力，攀到權力的頂峰。

NHK大河劇一向都是年度的重頭戲，《鎌倉殿的13人》找來小栗旬（北条義時）、大泉洋（源賴朝）、新垣結衣（八重）、小池榮子（北条政子）、菅田將暉（源義經）、山本耕史（三浦義時）、坂口健太郎（北条泰時）、宮澤理惠（北条時政之妻牧）主演，演員陣容華麗無比，演技的展現自然也不在話下。旁白由長澤雅美擔綱，富有磁性的沉穩音色，讓觀眾可以暫時抽離劇情，冷靜地來看這段充滿鬥爭與奪權的日本中世歷史。

歷史大河劇的特色之一就是登場人物眾多，一不小心就會讓觀眾看到錯亂，《鎌倉殿的13人》由擅長喜劇的三谷幸喜擔任編劇，幾乎每一集都有輕鬆詼諧的情節，沖淡了血淋淋權謀及政治鬥爭所帶來的驚心動魄，演員台詞都使用容易理解的現代日語，讓嚴肅的歷史劇變得平易近人，不知不覺就成為忠實觀眾；磅礡的片頭曲與貫穿全劇的動聽配樂，更為戲劇大大加分，是近年觀眾評價最高的一齣大河劇。播出後，電視台和出版社紛紛推出相關特輯，為鎌倉帶動起一波歷史巡禮風潮。

大藏（倉）幕府舊跡

鶴岡八幡宮本宮及舞殿（写真提供：鶴岡八幡宮）

2 鎌倉交通

Kamakura

從東京、新宿前往鎌倉

前往鎌倉，鐵道是最便捷的交通選擇。作為東京近郊最受歡迎的觀光地，電車班次非常多，即使不事先查詢時刻表也沒有關係。

從東京車站出發，搭乘JR橫須賀線可以一車直達鎌倉，車程時間大約五十五分鐘。也可以搭乘班次更加密集的JR東海道本線，不過必須在JR大船車站轉乘橫須賀線，只要再搭兩站就能抵達鎌倉，多了一次轉車雖然稍嫌不便，但因為東海道本線的停靠站較少，整體時間與利用JR橫須賀線幾乎相同。

如果從新宿出發，JR湘南新宿ライン（湘南新宿線）就是最好的選擇，從路線名稱就能知道是開往湘南地區，直達鎌倉的電車行車時間約一小時。不過這條JR湘南新宿線的行駛路線分成兩個方向，電車行經JR大崎站後，一條往西開往平塚，另一條往南開往逗子，只有往逗子方向的車才能直達鎌倉，搭乘前要先確認一下，不然就同樣得在大船轉車了。

除了JR，新宿車站還多了私鐵可以選擇。以經營「ロマンスカー」（浪漫特快）及箱根地區多種運具而廣為人知的「小田急電鐵」，可以在小田急新宿車站搭乘急行電車前往藤澤，車程約一小時，時間與JR相差無幾，不過最大優勢在於票價，大約只要JR的六折，非常實惠，是節省旅遊預算的好選擇。抵達藤澤後可以轉乘JR前往鎌倉，或是搭乘江之電，以途中下車的方式，逆著方向玩回鎌倉車站。

如果想體驗小田急電鐵的招牌電車浪漫特快，可以選擇特急「えのしま」（江之島）號。特急江之島主要在週末假日行駛，從新宿出發，終點站是靠海的「片瀨江ノ島駅」（片瀨江之島站），也是距離宗教聖地「江之島」最近的一座車站。下車後也可步行前往江之電的「江ノ島駅」（江之島站），再搭電車往鎌倉或藤澤的方向前進。

小田急江之島號

從橫濱前往鎌倉

橫濱與鎌倉都位於神奈川縣內，兩市距離約二十二公里，同樣可利用JR橫須賀線、JR東海道本線，或是JR湘南新宿線前往，行車時間大約二十二~三十分鐘間，除JR橫須賀線及JR湘南新宿線（往逗子）外，搭乘其餘路線都必須在大船轉車。

JR 橫須賀線電車

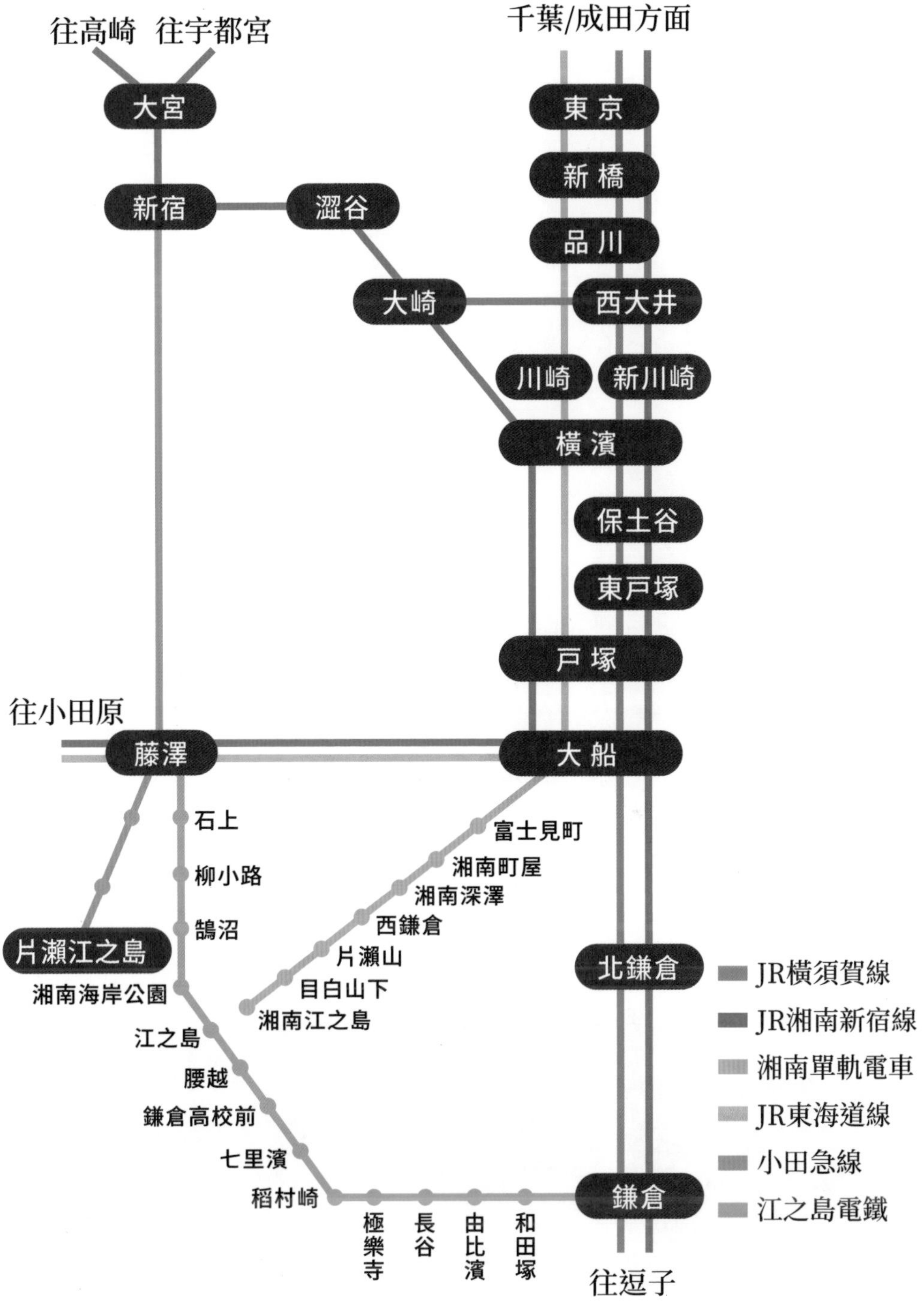
往高崎
往宇都宮
千葉/成田方面
大宮
東京
新橋
新宿
澀谷
品川
大崎
西大井
川崎
新川崎
橫濱
保土谷
東戶塚
戶塚
往小田原
藤澤
大船
石上
柳小路
鵠沼
片瀨江之島
湘南海岸公園
江之島
腰越
鎌倉高校前
七里濱
稻村崎
極樂寺
長谷
由比濱
和田塚
富士見町
湘南町屋
湘南深澤
西鎌倉
片瀨山
目白山下
湘南江之島
北鎌倉
鎌倉
往逗子
JR橫須賀線
JR湘南新宿線
湘南單軌電車
JR東海道線
小田急線
江之島電鐵

湘南單軌電車

JR大船車站匯集了東海道線、上野東京線、湘南新宿線、橫須賀線、根岸線、京濱東北線等多條重要路線，共有十個月台，每到通勤時間，穿堂層總有著摩肩擦踵的人潮在此轉換路線，JR東日本於是在車站付費區內開闢商業設施「アトレ大船」（atr'e大船），共有近三十個店鋪，讓車站搖身一變，成為熱鬧的商場。

出了JR的南改札口往東口的方向，可以看見窗外「大船觀音寺」白色的巨大半身觀音像，觀音菩薩臉上帶著溫柔的微笑，守護著鎌倉，是當地每個人都熟悉的象徵。

日本的鐵道事業相當發達，JR大船車站東口這一側卻有著在日本也屬罕見的懸吊式單軌電車「湘南モノレール」（湘南單軌電車）。路線全長六．六公里，共有八座車站，很規律地每七．五分鐘發出一班車，只要十四分鐘就能從鎌倉市的大船，前往位於藤澤市的終點站「湘南江の島駅」（湘南江之島站），與另一座江之島站僅一個路口之隔，可在此轉乘江之電前往其他景點。

大船觀音

湘南單軌電車

超值票券

小田急江之島・鎌倉周遊券

這張是小田急電鐵發行的小區域周遊券，包含從小田急沿線任一起站到藤澤的來回車資，小田急藤澤~片瀨江之島之間的路段、江之電全線則可無限搭乘。以從新宿出發為例，大人車資一千六百四十日圓，兒童六百四十日圓，除了車資優惠，持車票到眾多配合的設施能享有折扣。須留意的是，持這張周遊券無法搭乘ＪＲ，且發售後限當日使用，適合一早從新宿（或小田急沿線）出發的遊客。

江の島・鎌倉フリーパス：

www.odakyu-freepass.jp/enokama/

持のりおりくん可在一日內不限次數搭乘江之電

江之電のりおりくん

江之電發售的一日乘車券「のりおりくん」（Noriorikun），可在沿線車站不限次數自由上車下車。以江之電起程車資二百日圓、最高三百一十日圓換算，大約搭乘三到四趟就能值回票價。持這張一日券另一項好處就是沿線共有超過五十個設施提供優惠或是贈品，包含餐廳、土產、神社寺院、景點設施、住宿等，如果善加利用，累積起來的折扣也相當可觀。

這張一日乘車券也和「新江之島水族館」的門票搭配成套票販售，比個別單買優惠二百五十日圓。

のりおりくん：www.enoden.co.jp/tourism/ticket/noriorikun/

鎌倉自由環保車票

這張「鎌倉フリー環境手形」（鎌倉自由環保車票）僅在江之電的鎌倉、長谷兩站販售，可以無限搭乘江之電的鎌倉到長谷區間，以及限定區間內的江之電、京急公車，售價九百日圓，適合用來探訪離車站較遠的神社寺院。

鎌倉フリー環境手形：https://www.enoden.co.jp/tourism/ticket/free/

鎌倉自由環保車票以公車為主

3 私藏路線

Kamakura

01 經典必遊路線

出發
東京
JR 橫須賀線
JR 北鎌倉駅
徒步
建長寺

徒步
鶴岡八幡宮

徒步
小町通

徒步
鎌倉駅
江之電
長谷駅
徒步
長谷寺

© 長谷寺

徒步
高德院

徒步
長谷駅
江之電
江ノ島駅
徒步
江之島島內

徒步
片瀬江ノ島駅
小田急
東京方面

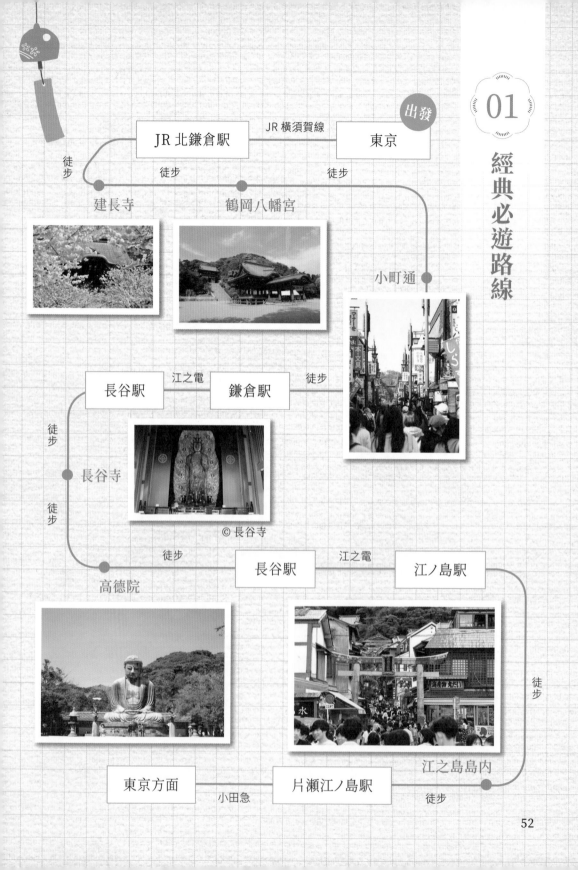

02 武家之都歷史散策

© 鎌倉市観光協会

出發 鎌倉駅

徒步

鶴岡八幡宮

徒步

源頼朝之墓

徒步

鎌倉宮

徒步

永福寺跡

公車

鎌倉國寶館

徒步

鎌倉歷史文化交流館

徒步

鎌倉駅

江之電

長谷駅

徒步

高德院

江之電

鎌倉駅

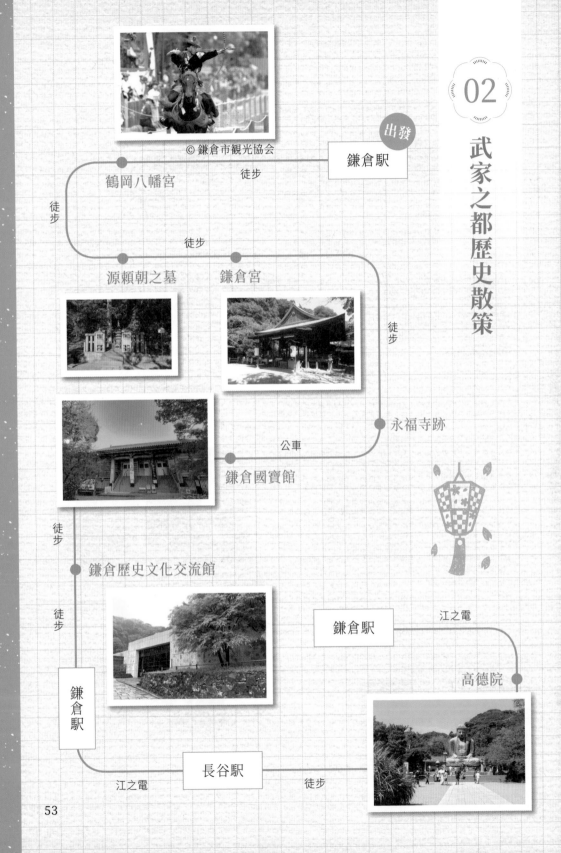

03 寺社能量之旅

出發

鎌倉駅

徒步

鶴岡八幡宮

徒步

荏柄天神社

徒步

報國寺

公車

鎌倉駅

徒步

錢洗弁財天宇賀福神社

徒步

佐助稲荷神社

徒步

鎌倉駅

江之電

長谷駅

徒步

長谷寺

徒步

長谷駅

江之電

江ノ島駅

徒步

江島神社

04 女子文藝美食路線

出發

北鎌倉駅

徒步

圓覺寺

徒步

葉祥明美術館

徒步

明月院

徒步

北鎌倉駅

橫須賀線

鎌倉駅

江之電

和田塚駅

徒步

午餐
BREEZE BIRD CAFE & BAKERY

江之電

極樂寺駅

徒步

御靈神社

徒步

甜點
THE CIRCUS KAMAKURA

徒步

長谷寺

徒步

長谷駅

江之電

鎌倉駅

05 鎌倉親子遊

出發

東京

JR 東海道線

JR 大船駅

湘南單軌電車

湘南江の島駅

徒步

新江之島水族館

江之島岩屋

徒步

江之島遊覧船「べんてん丸」

搭船

江之島山繆克金花園

徒步

© 鎌倉市観光協会

江ノ島駅

江之電

鎌倉高校前駅

江之電

灌籃高手平交道

江之電

小町通

徒步

鎌倉駅

06 藝術文化路線

出發

鎌倉駅

徒步

鏑木清方記念美術館

徒步

鎌倉市川喜多電影紀念館

徒步

鎌倉國寶館

徒步

鎌倉彫資料館

鎌倉駅

江之電

由比ヶ浜駅

徒步

目前整修中，預計 2027 年開放

鎌倉文學館

徒步

由比ヶ浜駅

江之電

長谷駅

徒步

長谷寺觀音博物館

江ノ島駅
ENOSHIMA STA.
タッチ決済 でご乗車OK!
Pay fares the easy way! Tap to ride
VISA
ENODEN
Goods Shop
えのしま
入口
Entrance
きっぷうりば
Picolino

鎌倉 四葩
和紙・化粧雑貨
鎌倉
四葩
よひら
スキンケア

4 鎌倉

Kamakura

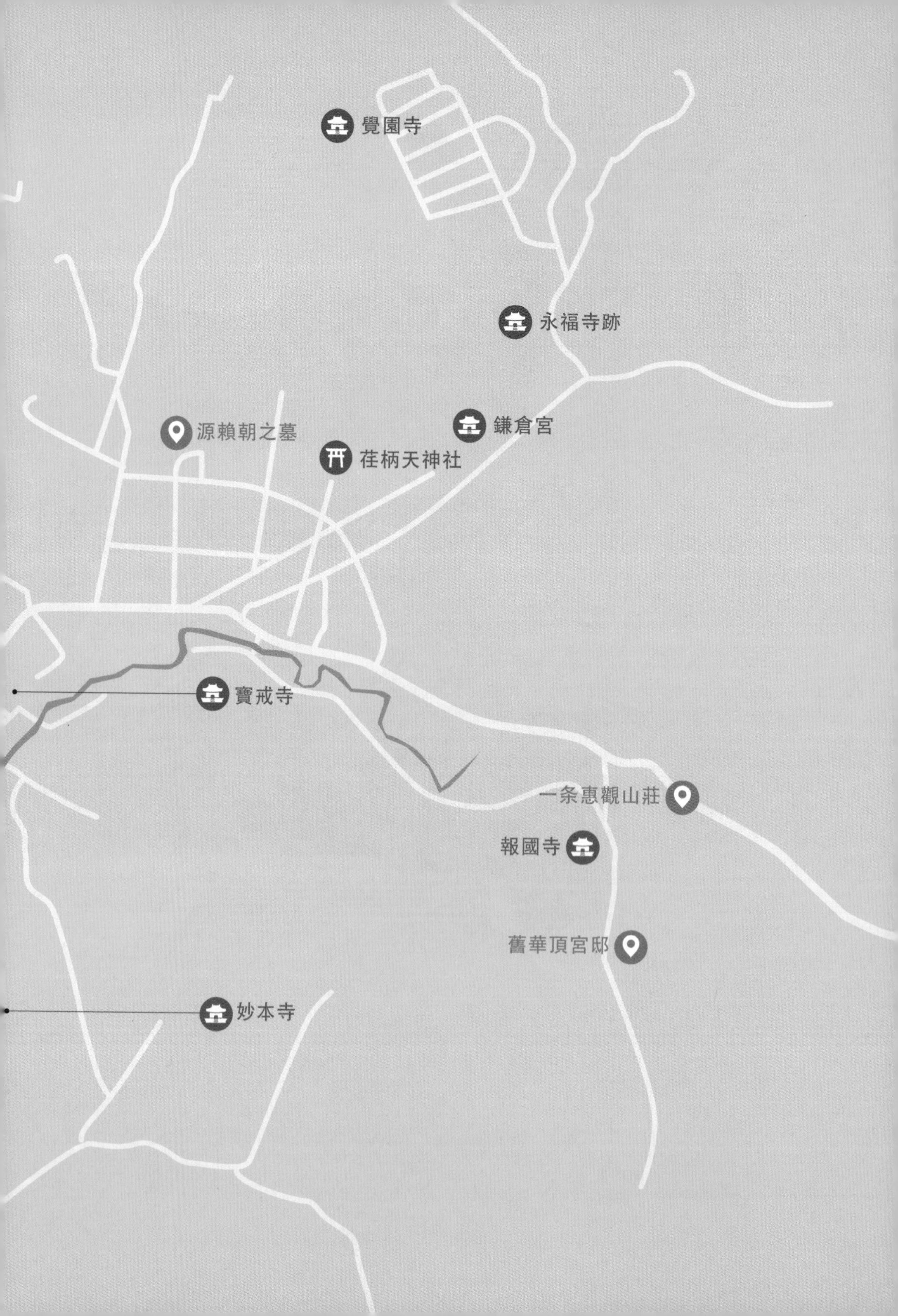
覺園寺
永福寺跡
鎌倉宮
源賴朝之墓
荏柄天神社
寶戒寺
一条惠觀山莊
報國寺
舊華頂宮邸
妙本寺

鶴岡八幡宮
若宮大路幕府舊跡
博古堂
英國骨董博物館
鎌倉市川喜多電影記念館
錢洗弁財天宇賀福神社
英勝寺
佐助稻荷神社
壽福寺
鏑木清方記念美術館
鎌倉歷史文化交流館
小町通
豐島屋
鎌倉彫資料館
鎌倉站
御成通
鎌倉市農協連即賣所
本覺寺
八雲神社

鎌倉車站

鎌倉駅

鎌倉距離東京不遠，獨特且富有歷史感的優雅氣息，是遠離都會塵囂的最佳去處。從東京車站出發，搭乘ＪＲ橫須賀線，不到一個小時的車程就能抵達，有一種去郊區遠足小旅行的感覺。

早在明治二十二年（一八八九年），鎌倉車站就隨著大船到橫須賀之間的鐵道路線開通設立。現在使用的車站建築已邁入第三代，建於一九八四年，是一棟兩層樓高的小巧車站。

作為鎌倉觀光的門戶與起點，每逢觀光旺季，在此停靠的每班電車總是吐出大量旅客，大家不約而同選在這一站下車，有時連要走到出口都得費上好一番工夫，通往中央走道的通路牆上貼著《鎌倉殿的13人》Q版畫像，讓人不得不佩服ＮＨＫ大河劇的影響力。

鎌倉車站外觀

鎌倉車站內部

鎌倉車站站內指示

二〇一七年，JR東日本請來建築師內藤廣，為車站進行美化改裝工程。整修後內裝與照明煥然一新，指標也變得更加清楚，兩大地標「鎌倉大佛」與「鶴岡八幡宮」都加上圖示，方便外國旅客辨識。走出自動收費閘門後，左手邊設有觀光案內所，服務一年四季熙來攘往的遊客。

從東口出站，前方是公車轉運站，主要由京濱急行和江之電兩間公司提供服務。回頭看車站外觀，入口處上方屋頂以黑色三角形為造型，旁邊配置一座小鐘塔，讓車站在古樸中帶著優雅的氣息，似乎頗能呼應這座古老城市的調性，這座歷史悠久並有著典雅外觀的車站，也入選「關東百選車站」（関東の駅百選）之一。

公車轉運站旁有一間昭和二十四年（一九四九年）創業的老舖料理店「鯉之助」，創業者御代川鯉之助年輕時被稱為

「煮物之神」，料理職人傳承他的技藝，利用當季的食材，做出高品質的日本料理，價格實惠，是當地人也推薦的餐廳。

JR鎌倉站內附設的商業設施名為「CIAL」，有超商、咖啡店、餐廳，以及販售土產、和菓子的攤位，數量雖然不多，與小町通上的商店相比卻毫不遜色，如果想帶些伴手禮，CIAL是結束旅程前的好選擇。

鯉之助

⏲ 11:00 ～ 20:00

🚉 JR「鎌倉駅」徒步1分鐘

📍 鎌倉市小町 1-4-1

🌐 www.miyokawa.co.jp/

使用SUICA、PASMO或ICOCA等IC電子票證乘車的話，下車後往西口的方向走，可以直接在站內轉乘江之電。不過既然來到鎌倉，可別急著搭車離開，附近就有多個景點可以探訪。

鯉之助

鯉之助

小町通鳥居

小町通

小町通り

從ＪＲ鎌倉車站東口出站往左轉，隨即可以看到一座紅色大鳥居，寫著「八幡宮近道」，也就是前往鶴岡八幡宮的捷徑，這一條就是一年到頭總是人潮川流不息的「小町通り」（小町通）。

全長約六百公尺的小町通，從南側的小町一丁目一直延伸到北邊的雪ノ下二丁目，總共約有二百五十間店舖，早已取代昭和時代繁華的由比濱大街，成為鎌倉當地最熱鬧的商店街。街上原本也販售著日常用品，不過隨著觀光客越來越多，現在主要以土產和飲食店為主，並開設各式各樣以年輕和學生族群為對象的花俏紀念品店，有的店家也將門口改成方便外帶形式，讓遊客可以邊走邊吃。

從鎌倉車站出來要前往鶴岡八幡宮參拜的遊客，大多會經由小町通前往，街道上也經常可以看

小町通終日人潮不斷

到一群一群穿著學校制服、從日本各地前來修學旅行的學生，因此白天的小町通上總是洋溢著青春歡樂的氣息。

作家安西篤子生動地形容這條街道的轉變：「小町通應該變得時髦了吧。好像鄰家親切的小姑娘，出落得越來越標緻，但卻成了模特兒或大明星，去到我們伸手不可及的地方去了。」我想這或許也是眾多當地人的心情寫照吧。

除了有地利之便，小町通的路幅約五公尺，對逛街來說是恰好的寬度，有的建物依然保留著昭和時代的模樣，店鋪的招牌設計更是頗富巧思，成了遊逛時的一大樂趣。作為歷史悠久的古都，鎌倉市對於小町通和整座城市的營造可說是下了一番功夫，為了整體景觀考量，限制建築物的高度，才不致阻擋背後翠綠山巒的景色；市役所針對建築外觀和廣告的色彩運用也有嚴格規範，包含色調、明度與彩度，都有必須遵循的準則，這也是為什麼即便街上沒有使用統一的招牌樣式，卻依然感覺眼前景色協調的原因。原本天空雜亂的各式電線，也在二〇一三年完成地下化，讓整條街道更顯清爽。

當然，店家具有吸引力才是維持小町通人氣不墜的主要原因。像是分據鳥居兩側的「不二家」，以及「ジブリどんぐり共和国」（吉卜力橡子共和國）就是非常受歡迎的店家，我造

訪過小町通超過十次，每次看到這兩間店依然會駐足停留。緊鄰橡子共和國的「IWATA」咖啡店更是深受當地人喜愛的老店，文學家川端康成、約翰藍儂、小野洋子都曾蒞臨，鬆餅是必點的一道甜點。

經過第一個寫著「鎌倉小町通り」的牌樓後右手邊不遠處，出現一棟醒目的建築，外觀以江戶時代的倉庫（藏）融合著西式穹頂，是「鎌倉五郎本店」，包裝上印著白兔圖樣的銘菓「鎌倉半月」，已成為來到鎌倉的必買伴手禮之一，店內經常門庭若市，有人一買就是好幾盒，準備帶回去分送親友，連同一旁的「宗家源吉兆庵」，以及位於中段的豆子專門店「鎌倉まめや」，都是我偏愛的店家。

小町通後段的街道兩旁錯落穿插了一些民宅，商店不若前段密集，加上有幾條橫向的道路往右可以通往「若宮大路」，人潮分散掉了一些，不再那般摩肩如雲。在商店街的後段，有一間傳承著日本悠久線香文化的「鬼頭天薫堂」，一走進室內就能聞到高雅的沉香氣味，店內商品多以鎌倉相關歷史或地名來命名，商品包裝精緻，在此挑選了一盒線香，就能把鎌倉的旅遊懷想連同對香氣的記憶一併帶回。

吉卜力橡子共和國

鎌倉五郎本店

鏑木清方記念美術館

想稍微遠離小町通沓雜的人群其實也不難，只要往向左或向右轉進小巷弄即可。

順著電線杆上「鏑木清方記念美術館」的指示，轉進路幅只剩大約一半的小路，幾秒鐘前街上的喧囂就像一場夢似地消失，兩旁店鋪不再，只剩各種形式的民宅，有西式宅邸、也有日式平房，要不是還有居民行走的身影，還真會讓人誤以為掉入小說《鎌倉漩渦服務中心》所描述的平行世界。

美術館的大門相當低調，和一般住家沒什麼兩樣，若不是門口擺放著一塊木製招牌，恐怕會不小心錯過。這裡原本是近代日本畫巨匠鏑木清方（一八七八～一九七二年）晚年居住的舊宅，位於閑靜的住宅區中，在他過世之後將這棟優雅的和風建築改建成美術館，於一九九八年開館。

明治十一年（一八七八年）鏑木清方出生於東京神田，受到名劇作家父親啟發，從小即熱愛

鏑木清方記念美術館入口

鏑木清方記念美術館

文學閱讀，十三歲時投入浮世繪師水野年方門下，並開始為報紙繪製插畫，展開專業日本畫創作的藝術生涯。

清方特別擅長描繪美女畫，早期即以當時盛行的「口繪」版畫（註），繪製小說單行本的插畫，作品將女性優美的姿態躍然紙上，蘊涵著深厚的情感。一九二七年在帝國美術院展出代表作《築地明石町》，獲得帝國美術院賞，從此只要提到美人畫便會聯想到鏑木清方，是當代日本美人風俗畫的代表畫家。

美術館內一角重現清方的畫室，清方生前創作不輟，每天上午用完早餐後隨即就進到畫室，非常規律。一旁的展示室面積並不大，不過每年館方會企劃多達八檔的特別展，展出清方的真跡原畫。前往看展時展覽的主題《清方×文 紅葉への憧憬、鏡花との友情》（清方×文 對紅葉的憧憬、與鏡花的友情），對於認識鏑木清方的創作生涯是再合適不過的一檔展出。

鏑木清方在二十三歲時結識他仰慕不已的小說家泉鏡花，並開始為泉鏡花的小說繪製插圖，清方以絕美的筆觸，將泉鏡花浪漫異想的文學世界以具體的畫作呈現。和當時人氣、實力兼具的泉鏡花合作以後，清方的知名度大大提升，可說是影響清方創作生涯最大的人，「泉鏡花著、清方繪」也成為出版界的黃金組合。

美術館展示一幅「一葉女史の墓」，描繪初冬新月石牆邊，少女帶著白色山茶花參拜後倚靠在墓碑上，線香絲絲繚繞。這是清方在閱讀泉鏡花的短文《一葉之墓》後，實際造訪位於築地本願寺樋口家的墓地後所創作。清方腦海浮現著樋口一葉的名作《たけくらべ》（比肩，或譯為青梅竹馬）裡的女主角美登利（みどり）的形象，畫出這幅虛實交錯的作品。清方表示「（這幅畫）包含了許多意義，是我生涯創作的起源。」導覽的學藝員則提到，清方一生不斷地創作描繪美登利這個角色，累積了相當可觀的作品，猜想或許是在他讀了樋口一葉的小說後，就對美登利一見鍾情了。

室外有一座雅致庭園，鏑木清方生前在此種植多樣的花草，享受四季遞嬗的樂趣。清方特別喜歡紫陽花，因此還以「紫陽花舍」為別號，並畫了多幅紫陽花的素描。比較可惜的是庭園並未對外開放，只能透過玻璃來欣賞。

（註）融合西洋引進的石版印刷術與傳統浮世繪木刻技法所製成的版畫，通常刊印在報刊書籍封面翻開第一面的彩色卷首。

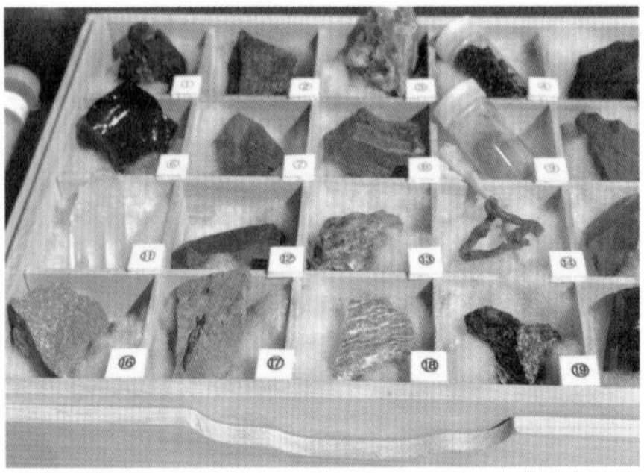
以天然礦石做成的顏料作畫

鏑木清方記念美術館

- 9:00 ～ 17:00
- ㊡ 星期一（遇假日開館，隔日休館），年末年始（12 月 29 日～ 1 月 3 日）、展示品更換期間
- ¥ 企劃展 300 日圓，中小學生 150 日圓；特別展 450 日圓，中小學生 220 日圓
- JR、江ノ電「鎌倉駅」徒步 7 分鐘
- 鎌倉市雪ノ下 1-5-25
- www.kamakura-arts.or.jp/kaburaki/

一葉女史の墓

鎌倉市川喜多電影記念館

鎌倉市川喜多映画記念館

距離鏑木清方記念美術館不遠處，還有一座舊宅改建的「鎌倉市川喜多電影記念館」，同樣位於小町通旁的橫向小路。

這處場館的紀念對象川喜多長政和かしこ夫婦並非電影導演或演員，而是透過代理電影，帶動日本電影產業的發展，猶如電影大使。川喜多長政（一九〇三～一九八一年）在一九二八年創立「東和商事」（即現在的「東寶東和」），在海外旅行非常稀有的年代，長政前往歐洲，把看過的好電影引進日本，他挑選的電影包含卓別林多部賣座影片，此舉不但帶動日本國內電影產業的發展，也讓當時的日本社會更加了解歐洲。長政還協助大導演黑澤明的經典電影《羅生門》出品，榮獲一九五一年威尼斯影展金獅獎肯定，卓越的事蹟，可說是讓世界看見日本電影的推手。

鎌倉市川喜多電影記念館

長政的妻子かしこ（一九〇八～一九九三年）則是選片眼光精湛，曾引進無數名作，對於電影膠卷的收集、保存，以及日本電影推廣均不遺餘力付出，是長政最好的事業夥伴，也經常擔任各國際影展的評審，在國際上的知名度甚至還比先生高。

電影記念館庭園黑色板塀

這座記念館原本是川喜多夫婦的住居，佔地寬闊，當時經常有國內外的電影人到訪，包括巨星亞蘭德倫、瑪麗蓮夢露都曾是座上賓，原本就是一處電影人交流的場所。館內除介紹兩人的生平以及相關的作品，還展示林林總總富有歷史的演員、導演及電影相關資料，即便不熟悉日本的電影發展，但一次看到這麼多精彩的照片、海報，也能感受川喜多夫婦一生對於電影全心投注的熱情。館內還有一間可以容納五十人的放映室，開館日都會播放各國經典電影。

記念館庭園的圍牆是一面優美的黑色板塀，數寄屋造式的建築與後面翠綠的山巒融合，是一處能感受舊時鎌倉風情的私房景點。

鎌倉市川喜多電影紀念館

🕓 9:00 ～ 17:00

㊡ 星期一（遇假日開館，隔日休館），年末年始（12 月 29 日～ 1 月 3 日）、展示品更換期間

¥ 企劃展 200 日圓，中小學生 100 日圓；特別展 400 日圓，中小學生 200 日圓

🚃 JR、江ノ電「鎌倉駅」徒步 8 分鐘

📍 鎌倉市雪ノ下 2-2-12

🌐 kamakura-kawakita.org/

鶴岡八幡宮

回到熱鬧的小町通，商店街的終點通往車水馬龍的縣道，在此右轉直走，隨即可以看到一座高聳的朱紅三之鳥居，後方就是鎌倉的信仰中心「鶴岡八幡宮」。

武家社會的起點

到鎌倉旅遊，大概沒有人會不來鶴岡八幡宮，甚至可以說沒來鶴岡八幡宮，就不算來過鎌倉。這裡是武士之都鎌倉的文化起點，與創立鎌倉幕府（一一八五～一三三三年）的第一代征夷大將軍源賴朝（一一四七～一一九九年）有著密不可分的關係。

平安時代末期保元元年（一一五六年），因皇位繼承問題，在京城暴發史稱「保元之亂」的動亂，新

鶴岡八幡宮本宮及舞殿（写真提供：鶴岡八幡宮）

興武士階級平清盛支持的後白河天皇一派大獲全勝，欲奪回皇位失利的崇德上皇（註1）遭到流放，雙方動員的兵力稱為「武士」。

一一五九年天皇繼位紛爭再起，爆發「平治之亂」，源義朝（源賴朝之父）趁平清盛離京前往熊野參詣之際，拘禁後白河上皇和二条天皇，平清盛聞訊趕忙返京，擊敗源義朝，迅速平定戰亂。源義朝在逃離京都途中遭到殺害，長子和次子也都死於這次戰亂，三子源賴朝則被流放到伊豆。經此一役，新興的武士階層開始將勢力拓展至朝廷內部，平清盛在官場上也開始平步青雲，一一六七年當上朝廷最高位的太政大臣，樹立平家政權，權傾一時，享受無上的榮華和富貴，當時還盛傳著「非平家者非人也」的說法。

然而驕奢者不久長，平家長期把持朝政、壟斷資源，也招致了許多貴族和武士的不滿。平清盛將女兒德子嫁給高倉天皇，順利生下皇子言仁，治承三年（一一七九年），平清盛先是幽禁後白河法皇，隔年即擁立年僅二歲的外孫言仁（即安德天皇）即位。原本對於繼承皇位抱著熱切希望的以仁王（後白河法皇次子、二条天皇的弟弟）決定出面打倒平家，於是傳令諸國武士、大寺院舉兵，雖然因事跡敗露加上準備不足，立刻被平家鎮壓，卻已點燃「治承、壽永之亂」的火種，成為全國性內亂的開端。

此時從京都被流放到伊豆的源賴朝，先是對以仁王的諭令抱持觀望的態度，後來得知諸國的源氏也都收到諭令，在北条家及坂東武士團（註2）的支持下，決定舉兵起義，為長達五年的「源平合戰」揭開序幕。雖然先成功奇襲伊豆的代官山木兼隆，卻立刻就在第一場真正的戰役「石橋山合戰」踢到鐵板，不敵兵多將廣的大庭景親，源賴朝先是狼狽躲藏山中，再趁隙逃往安房（今千葉縣南部），為能東山再起，源賴朝後來聽從當地豪族千葉常胤的建議前往鎌倉，並以此為根據地。

源賴朝會選擇鎌倉並非沒有原因。鎌倉三面有山、一面靠海，連綿起伏的山勢易守難攻，彷彿築了一座天然的「鎌倉

由比若宮

城」，具有極佳的防禦性與地理優勢。另一方面，源氏家族早在平安時代就與這塊土地有著深厚的緣分。一〇三一年，源賴朝五代以前的先祖源賴義（九八八～一〇七五年）和他的父親，一同平定發生在房總半島的平忠常之亂。源賴義的英勇和武藝受到平直方的認同，不但將女兒嫁給他，並讓出原本位在鎌倉的宅邸給這位乘龍快婿。

源賴義後來在奧羽（即現在的東北地方）的戰事中也取得勝利，一〇六三年（康平六年）於返回京都途中，先在鎌倉停留，為了感謝源氏氏神八幡神的保佑，從「石清水八幡宮」分靈祭祀，在今材木座附近建造「由比若宮」（後稱「元八幡」），作為源氏的守護神，也讓源氏一族與鎌倉這塊土地有了更深刻的連結。

二〇二二年ＮＨＫ大河劇《鎌倉殿的13人》就從源賴朝被流放在伊豆，受北条氏監管保護展開劇情。身為源氏嫡系的棟梁（領袖），源賴朝深具威望，得到不滿平家專橫的關東武士團支持，軍力逐步壯大後，揮軍西進，最終滅亡平家，開啟日本歷史上第一個武家政權，一直持續到德川家康開創的江戶幕府滅亡為止，長達約七百年。源賴朝開創的全新政治局勢又被稱為「天下草創」。

段葛

源賴朝於一一八〇年進入鎌倉，在一切仍百廢待舉的情況下，六天後隨即將先祖創建的由比若宮遷座現址祭祀，營造社殿，並改稱鶴岡八幡宮，從此成為源氏武家政權新都鎌倉的象徵，也顯見源賴朝對八幡神信仰之虔誠。

熟悉京都天皇居所與宮廷的源賴朝，參考平安京「朱雀大路」的中軸線設計，規劃了一條筆直的參道「若宮大路」，直通由比濱的相模灣。一一八二年，源賴朝為了祈願正室北条政子（一一五七～一二二五年）順利安產，親自指揮，命令北条時政為首的御家人搬運土石，在若宮大路的正中央，打造比

段葛

路面略高、寬數公尺的道路，稱為「段葛」，並在道路兩旁挖掘排水道，以解決當時周邊遇雨容易積水泥濘的問題。

這條當時稱為「作道」的道路，已成為日本少見的的段葛遺構。如今段葛的高度約一·四公尺，長度五百公尺，從二之鳥居一直延伸到三之鳥居前，寬度越來越窄（從四·五公尺縮減為二·七公尺），以「遠近法」的建築技巧，讓這條參道看起來更長。由於當時的百姓對於神明的信仰非常虔誠，透過種種營造讓鶴岡八幡宮更顯神聖莊嚴，是源賴朝的巧思。

鎌倉時代的段葛造型簡單，並未擺放石燈籠或植樹，櫻花樹在大正時代栽種，現在已成為關東一大賞櫻名所，連綿不絕的石燈籠更是到了昭和年間才擺放，幾百年來歷經過幾次修建，最近的一次大改修於二〇一六年春天完成。

京都的歷史或許更為悠久，然而朱雀大路早已不留存一丁點痕跡，慶幸鎌倉依然完整地保留這麼一方名所，讓我們每當走在筆直延伸的段葛上，望著眼前壯觀的本宮，依然能保有著與八百多年前源賴朝和政子，一同並肩走著的浪漫想像。

源平池

穿過三之鳥居走入境內，一座太鼓橋跨過分據東西兩側的「源平池」，每到夏天池中滿是盛開的荷花。在創建鶴岡八幡宮時，源平池就依政子的指示鑿建，池中各有幾個小島，東邊的「源氏池」較大，池中共有三個小島，由於日文的三與「產」諧音，且東邊為日出之處，以象徵並祈願源氏繁盛；西邊較小的「平家池」則特意擺放四個小島，因為與「死」諧音，詛咒平家早日滅亡。

政子的心願後來成真。一一八一年平清盛罹病猝逝，平家政權遭受嚴重打擊。一一八五年，源賴朝同父異母的弟弟源義經（一一五九～一一八九年）率領水軍，先是奇襲攻下屋島，

源氏池

平家丟掉最大據點，接著在現在的山口縣下關市爆發最關鍵的「壇之浦之戰」（壇ノ浦の戦い），擅長水戰的平家背水一戰，一開始攻勢凌厲，佔了上風，但遇到不講武德的義經，下令射殺非戰鬥人員的舵手，平家的船隻頓時失去控制，加上午後潮汐改變，平家將領措手不及，戰局逆轉，最終平家全軍覆沒、血染汪洋，鮮紅的平家大旗漂浮在瀨戶內海上，如同秋天的楓葉。平清盛遺孀帶著安德天皇與三神器投入水中，一族滅亡，二十六年來不可一世的平家政權從此走入歷史。

旗上弁財天

鎮座在源氏池內島上的是「旗上弁財天社」，現存社殿在八幡宮創建八百年紀念時（一九八〇年），依照江戶時代後期文政年間的古圖復原而成，象徵源氏旗印的白旗迎風飄揚，很多人來此祈求商業繁盛。

舞殿

位於境內參道上的第一個建築是舞殿，又稱下拜殿。除了神社的祭典行事外，一年之中多場結婚儀式也都在這裡舉行，因此來鶴岡八幡宮參拜，經常可以看到正在舉行神前式的新人。每年四月的第二個星期日，舞殿會舉行「靜之舞」，由擅長舞蹈的女性表演，是鎌倉祭的主要活動之一。

在鶴岡八幡宮初建時，這

裡是若宮迴廊，根據鎌倉幕府編撰的史書《吾妻鏡》記載，一一八六年源賴朝招來舞藝精湛的白拍子（註3）靜御前，在此獻舞。

靜御前是磯禪師之女，曾在平安京後白河法皇面前演出的一場祈雨舞後，讓老天降下甘霖，因此獲得日本第一白拍子的封號。源義經在一之谷之戰後凱旋回到京都，結識靜御前並將她納為妾。

源義經雖然在源平合戰立下卓越戰功，卻在源賴朝不知情之下私受後白河法皇官職，最後導致兄弟決裂。源賴朝布下天羅地網追緝，義經帶著少數親人與親信逃往吉野山，這時靜御前已懷有身孕，下山躲藏時被抓到送往鎌倉。源賴朝知道靜御前肚子裡懷著義經的孩子，

壇之浦古戰場

靜之舞（写真提供：鎌倉市観光協会）

表示「女生的話就幫她，男生的話就殺掉，以免留下禍根。」

政子聽過靜御前的大名，非常想看她的表演，源賴朝拗不過政子的要求，來鶴岡八幡宮參拜時召靜御前來此表演。靜御前這時心繫義經的安危，根本沒有心情，原本不願獻藝，更何況還有孕在身。政子於是透過人對靜御前說：「八幡神是源氏的守護神，妳就當以舞祈求義經武運亨通吧！」聽聞之後，靜御前為了義經，只好勉強答應。

在社殿的迴廊上，靜御前翩翩起舞，同時唱出對義經的思念，「織著賤布，一邊將線捲成線圈，若是這線能將自己帶回從前該有多好。」源賴朝當然聽得出靜祈願義經昌盛的弦外之音，不禁勃然大怒。政子在旁緩頰：「石橋山之戰失利，你生死未卜，當時我著急的心情就和現在的靜一樣，如果靜忘了與義經的感情，對他不再依戀，那就不是貞女了。」源賴朝聽了政子這番言論也無話可說，心不甘情不願地把賞賜給靜的衣裳從御簾推出。也許同樣身為女性，彼此心意相通，政子和長女大姬都很憐惜靜，陸續送了很多東西給她。

不幸的是，靜御前後來產下男嬰，隨即被源賴朝的手下帶到由比濱溺死，之後靜御前被送回京都，就未在史書留下任何紀錄。

大石段

登上舞殿後方的大石段，上方就是位於最高點的本宮。這個看似再平凡不過的石階，曾發生一起改變鎌倉時代歷史的重大暗殺事件。

討伐平家並消滅奧州藤原家後，源賴朝統一全國，一一九二年被朝廷封為征夷大將軍，成為往後近七百年日本武家政權的開創者，不過卻在一一九九年驟逝。繼任鎌倉殿的是源賴朝長子源賴家（一一八二～一二〇四年）。年僅十八歲的源賴家在匆促之中成為二代大將軍，不具威望，原本就難以讓御家人信服，加上行事獨斷，企圖比照父親實施獨裁政治，有力的御家人們為了不讓源賴家有裁判權，聯合起來組成合議政治，成員包含九位御家人及四位官僚，此即ＮＨＫ大河劇演出的《鎌倉殿的13人》（註4），美其名是為了輔佐年輕的鎌倉殿推動政務。

御家人之間的同室操戈從源賴朝進入鎌倉開始就沒間斷過，政治強人過世後，更演變成大亂鬥。賴朝之妻政子的父親北条時政（一一三八～一二一五年）對於權勢充滿野心，與兒子北条義時（一一六三～一二二四年）開始聯手剷除政敵，先是滅了與源賴家親近的比企家，甚至將大病初癒的源賴家流放幽禁在伊豆的修善寺，最後乾脆一不做二不休，將他暗殺以斷絕後患，北条

伊豆修善寺

大銀杏（攝於2005年）

家自此也成為幕府實質的掌權者。

繼任的第三代將軍源實朝（一一九二~一二一九年）是源賴家的弟弟。源實朝在十二歲時成為鎌倉殿，在母親政子有計畫的培育下，長大後逐漸展現領導才能，很有人望，受到眾多御家人的敬重，雖不善長武藝，卻對於和歌創作展現天賦與高度興趣，和歌集《小倉百人一首》中就收錄一首源實朝所作的和歌。

建寶七年（一二一九年）一月下旬，不常下雪的鎌倉連著幾天下起雪來，由於前一年源實朝被天皇任命為右大臣，一月二十七日源實朝帶著前來祝賀的家臣前往鶴岡八幡宮參拜。傍晚天色已經完全昏暗，參拜結束後正當一行人踏著積雪走下大石段時，一名躲在大銀杏樹旁的刺客衝出，先是擊殺護衛源仲章，再將源實朝的頭顱砍下，讓人意外的是，兇手竟然是源實朝的姪子公曉（源賴家次子），源氏三代將軍血脈就在源賴朝一手創建的鶴岡八幡宮劃下句點，想來也令人不勝唏噓。

這棵樹齡推估達千年的大銀杏，見證源氏起落、鎌倉幕府興衰與多次政權更迭，原本也是鶴岡八幡宮的象徵之一，卻在二〇一〇年春天不敵強風被

武家政權的象徵鶴岡八幡宮

鶴岡八幡宮繪馬（写真提供：鶴岡八幡宮）

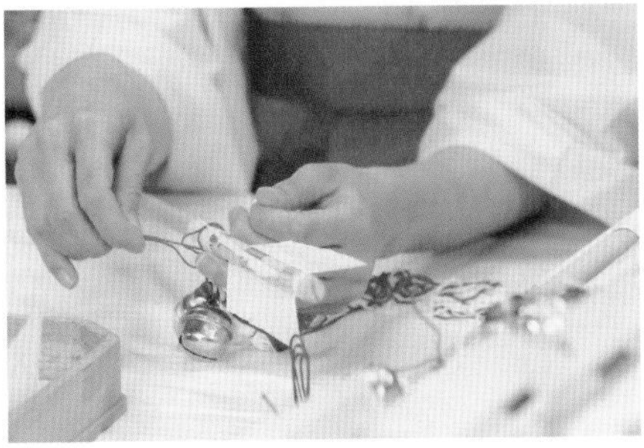

鶴岡八幡宮破魔矢（写真提供：鶴岡八幡宮）

增強運勢破魔矢

吹倒，成為當時一大新聞，也讓鎌倉人感到頓失所依，不斷集氣希望這棵神木能夠存活下來，如今枯萎的樹幹已被移到一旁，現在持續復育從根部長出來的樹苗。

本宮

鎌倉時代的人對於神明有強烈的信仰，大石段上的本宮居高臨下，宛如鎌倉幕府的地標，加深人民對其崇拜，眼下若宮大路直挺挺地通往海邊。樓門的匾額寫著「八幡宮」，仔細一看，字體似乎藏有玄機，鴿子是八幡神的使者，因此「八」由兩隻鴿子組成。八幡神是日本最普遍的信仰，全國共有七千八百餘社，與源賴朝將鶴岡八幡宮視為鎌倉幕府的守護神有深刻的關係，御家人們紛紛有樣學樣，將八幡神勸請回各領地，是普及成為全國民間信仰的一大關鍵，可說是庶民之神。

本宮祭祀「八幡大神」（應神天皇）、「神功皇后」、「比賣大神」，對於保佑家中平安、開運、出人頭地、學業、安產、結緣等都很靈驗。對當地人來說，舉凡人生的大日子都要來鶴岡八幡宮，每年十一月的「七五三」時，父母帶著家中三、五、七歲的小孩，全家盛裝打扮來這裡祈求神明的保佑，也經常可以看見來此舉行神前式結婚典禮的新人。

參拜後來到大石段左前方的「若宮」（下宮）抽籤。每個人都會想要抽到「吉」，但如果抽到「凶」或「大凶」籤也不用太過擔心，因為日語的「凶運」的「強運」發音相同，表示運勢是可以轉換的，只要將這隻籤打個結、投入紅色箱內，再握住破魔矢的「矢鏑」，即可逢凶化吉，將凶運轉為強運或是吉運。

平安時代後期，源賴義平定「前九年之

鎌倉國寶館外觀

役」後，把石清水八幡宮賜給他的弓箭，奉獻給鶴岡八幡宮的前身由比若宮，作為對神明感謝之象徵，成了正月授予參拜者破魔矢的由來。每年十二月，穿著緋色袴衣的巫女會開始製作破魔矢，新年期間來此參拜的人，都會求一支能除厄招福的「破魔矢」，作為家中的吉祥物。

社務所旁是歷史悠久的「鎌倉國寶館」。一九二三年關東大震災對鎌倉眾多歷史悠久的寺社及貴重的文化財造成莫大損壞，因此在一九二八年設立這處國寶館，負起妥善保存及文物展示之大任。館內保存鎌倉幕府到室町時代多件被列為日本國寶的重要文物，包括黑漆矢、朱漆弓、御神服，以及據傳源賴朝配戴過的太刀、後白河法皇所賜予的籬菊螺鈿蒔繪硯箱等，並展出佛像雕刻、繪畫、工藝品、古文書等作品與資料，是一處能深入理解鎌倉時代歷史的文物寶庫。

此外，在鶴岡八幡宮境內、平家池的北側，有一棟線條簡潔的白色現代建築，是「鎌倉文華館鶴岡ミュージアム」（鎌倉文華館鶴岡博物館），建築由世界知名的建築巨匠坂倉準三（一九〇一～一九六九）設計，已被日本政府指定為國家重要文化財。

原本作為神奈川縣縣立

鎌倉國寶館（写真提供：国宝館）

近代美術館，於二〇〇九年改為現在的用途，傳達古都鎌倉的魅力，是一處當地新的文化發信據點。

（註1）天皇在位時，讓位給下一任天皇，自己成為「上皇」或是「法皇」（出家後的稱號），以施行專制政治。

（註2）古代京都以東有坂東八國，因此坂東武士泛指出自現在所稱「關東地方」的武士，但嚴格來說，主要是指出自相模國（神奈川縣）、武藏國（東京、埼玉縣）兩核心地區的武士。

（註3）流行於平安時代末期的一種歌舞，女子穿著男裝，以此為業的舞者被稱為白拍子。

（註4）鎌倉殿的13人成員為北条時政、北条義時、三浦義澄、足立遠元、和田義盛、比企能員、足立盛長、梶原景時、八田知家、大江廣元、中原親能、二階堂行政、三善康信，由九位御家人和四名文官共同組成。

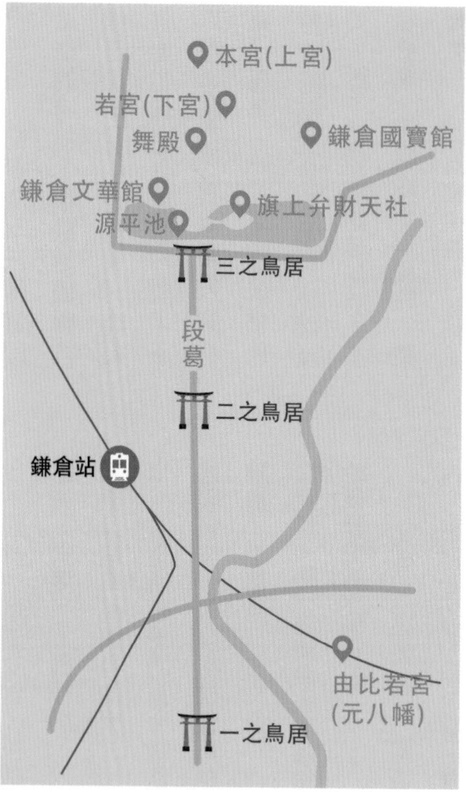

鶴岡八幡宮

- 10月～3月 6:00～21:00，4月～9月 5:00～21:00
- JR、江ノ電「鎌倉駅」徒步10分鐘
- 鎌倉市雪ノ下 2-1-31
- www.hachimangu.or.jp/

鎌倉國寶館

- 9:00～16:30
- 休 星期一
- ¥ 400～700日圓、中小學生150～300日圓

鎌倉文華館

- 10:00～16:30
- 休 星期一、換展期間及年末年始
- ¥ 600日圓，依展覽內容而異
- tsurugaokamuseum.jp

博古堂

若要說什麼是鎌倉最具代表性的工藝品，我想那絕對非「鎌倉彫」莫屬。

鎌倉時代禪宗興盛，延伸出大量佛像雕刻的需求，職人數百年相傳的技藝，成了現在的鎌倉彫。無論是在雕刻刀法、圖案或上漆的方式，都與其他的雕刻不同，是鎌倉彫最大的特色。

位在鶴岡八幡宮三之鳥居旁的鎌倉彫老舖「博古堂」，自一九〇〇年就開在鶴岡八幡宮門前的鳥居旁，代代以製作佛像為家業的後藤家，目前已經傳承到第二十九代，隨著時代演變，現在主要以製作貼近生活的用品為主。

店內展示各式各樣精巧的作品，每件都饒富質感，展現出職人高超純熟的技藝，雖然價格不斐，卻依然深受眾多文化人的喜愛。鎌倉彫的製品像是盤子、茶具、盒子，除了適合自家用，也非常適合作為餽贈親友，或是商業往來送給客戶的禮品，在《續・倒數第二次戀愛》第一集，就有一段小泉今日子和中井貴一對於要不要選擇鎌倉彫，作為婚禮參加者回禮的有趣爭論，也傳達出鎌倉彫歷久彌新的特性。

博古堂外觀

博古堂

博古堂
- 9:30～18:00（11月～2月9:30～17:30）
- 休 年末年始
- JR、江ノ電「鎌倉駅」徒步 10 分鐘
- 鎌倉市雪ノ下 2-1-28
- www.kamakurabori.org/

鎌倉彫資料館館內

鎌倉彫資料館

段葛高出路面許多，和一旁繁忙的車流分離，行走其上，一種安心與優越感油然而生。若宮大路兩側商家名店櫛比鱗次，和小町通一樣，白天都是逛街人潮。

距離二之鳥居不遠有一棟「鎌倉彫資料館」，是認識鎌倉彫最好的地方。原本是「鎌倉彫協同組合」收集鎌倉彫作品的地方，二〇〇七年正式設立成為博物館。

鎌倉幕府積極與當時世界最先進的國家「宋」進行貿易交流，從中土傳來的禪宗思想與嚴格的坐禪修行，受到武士的歡迎與支持，很快就在武士間流傳開來。十三世紀以後，隨著建長寺、圓覺寺等眾多禪宗寺院的建立，從宋渡海而來精巧的雕刻漆器佛具受到珍視。參與製作佛像及佛具的佛師們，受到舶來的雕漆影響，以先進的木雕技巧為基礎，開始發展出屬於自己的木雕漆塗技術，成為鎌倉彫的起源。

早期的鎌倉彫的紋樣以牡丹花，以及漩渦狀稱為「屈輪」或是「倶利」的圖樣最多。進入江戶時代，鎌倉彫不再侷限於佛具，開始於庶民階層普及，除了製成生活用品，茶道文化的盛行也帶動茶道相關器具的需求。明治政府成立後，為了追求國家現代化，推行廢佛毀釋運動，走到窮途末路的寺社和佛師，只好將鎌倉彫與現代結合，找出一條讓技藝得以延續的活路。

其實鎌倉彫的製作工程非常繁複，從材料（主要使用桂木）成形、雕刻到上漆共有十一大主要工序，非常講究細節，因此製作上相當費時，以一個直徑三十公分的木盤來說，至少約一個半月才能完成，複雜的作品則需費時一年左右，要培育一位職人，更是沒有五～七年的光景難以養成，所以鎌倉彫製品的售價有些高貴，不過如果仔細地保養對待，使用一、二十年甚至更久都

鎌倉彫資料館

俱利精進料理

室町時代鎌倉彫作品

不是問題。

鎌倉彫資料館的展覽空間位於三樓，展出從室町、江戶幕府到現代約五十件傑作，從不同作品的紋樣與用途，可以看出時代的演變。為了推廣這項工藝，館方也推出二個小時的體驗課程，由職人指導雕刻，完成後再交由職人協助上漆，就能擁有一個自己親手製作的鎌倉彫作品。

看完展覽來到一樓的「俱利」，是資料館附設的餐廳兼展示室。餐點精緻美味，也提供精進料理，適合純素食者。最讓人驚喜的是，俱利使用的餐具清一色都是動輒數萬日圓的鎌倉彫製品，拿在手中有種尊貴的感覺，是很特別的用餐經驗。

鎌倉彫資料館

- 🕓 10:00～16:00（13:00～14:00 休息）
- ㊡ 星期一、二，年末年始
- ¥ 大人 300 日圓、中小學生 150 日圓
- 🚉 JR、江ノ電「鎌倉駅」徒步 5 分鐘
- 📍 鎌倉市雪ノ下 2-15-13
- 🌐 kamakuraborikaikan.jp

鎌倉彫カフェ俱利（guri）

- 🕓 10:00～16:00
- ㊡ 星期一、年末年始
- 🌐 cafe.kamakuraborikaikan.jp/

豐島屋文創商品

豐島屋

豐島屋

豊島屋

走在鎌倉的街上，不時可以看到遊客提著鮮豔醒目的黃色紙袋，上面印著一隻白色的鴿子，這是販售「鳩サブレー」（鴿子沙布雷，或稱鴿子奶油餅）的老舖「豐島屋」，本店就位於鎌倉彫資料館的對面，與鶴岡八幡宮的二之鳥居只有幾步之遙。

源自於法國的甜點沙布雷餅乾，特色是奶油比例很高。明治二十七年（一八九四年）創業的豐島屋，第一代老闆以鶴岡八幡宮本宮匾額上組成「八」字的鴿子為發想，做出這款鴿子造型的餅乾。然而在明治時代後期，人們還不是很能接受這種源自歐洲的奶油味道，最初銷路平平，不過由於原料單純，沒有添加物，在大正年間開始受到小兒科醫師推薦，表示適合作為嬰兒的離乳食品，知名度才逐漸打開，如今已成為鎌倉「定番」的土產，來到鎌倉旅遊很少會不買個幾盒回去的。

豐島屋本店是一整棟漂亮的白色建築，店內顧客每天都川流不息，除了鴿子沙布雷，豐島屋也開發出各色各樣的文創商品，同樣受到消費者的喜愛。

豊島屋
9:00～19:00
㊡ 星期三
JR「鎌倉駅」東口徒步 3 分鐘
鎌倉市小町 2-11-19

豊島屋
鳩サブレー

鎌倉市農協連即賣所

鎌倉市農協連即売所

鎌倉彫資料館不遠的前方是巨大的紅色二之鳥居，也是現存段葛的起點，鳥居前一對白色狛犬，一隻張嘴、另一隻合著，微笑帶著有些呆萌的表情，看了讓人不禁心情也跟著愉快起來。新冠疫情肆虐期間，兩隻狛犬一直帶著特製的大口罩，如今口罩解禁，總算可以重新綻放可愛的笑容。

鎌倉時代的段葛一直延伸到石製的一之鳥居，並以此作為都市的境界，再往南就是無法住人的海濱砂地。明治時代配合鐵道橫須賀線的鋪設，將二之鳥居以南的部分移平，成了現在的樣貌。

二之鳥居前方約三百公尺處，有一處歷史悠久的菜市場，鄰近的農家販賣自家生產的農產品。這處名為「鎌倉市農協連即賣所」的菜市場，早在昭和三年（一九二八年）即已設立，建築外觀如同它的年代，流露出濃濃的昭和風情，室內的販賣空間也沒有任何裝潢，只見農家將大量新鮮蔬果整齊地擺放在攤位上，少了中間經銷商的管銷成本，價格親民，不光本地人會前來採買，一流餐

二之鳥居與狛犬

一之鳥居

廳的主廚也會特地在一早營業時前來，選購稀有的食材。

目前共有二十三個農家、分成四組每天輪流販售，除了新年休假四天以外，一整年都能在此買到當季新鮮安全的蔬果，是鎌倉市民的廚房，也吸引不少日本人特地遠到而來採買，能和實際種植的農家直接對話，是這處即賣所的一大魅力。

緊鄰農協連即賣所是「鎌倉中央食品市場」，約十個店家販售乾貨、食品、甜點等。其中《山茶花文具店》提到的麵包店「Paradise Alley」位在角落，店裡店外都布置得很有個性，展現出店主的玩心。自家酵母烘焙的麵包沒有花俏的外觀，用料實在，口感扎實，紅豆麵包更是極品，深受當地居民的喜愛。

鎌倉市農協連即賣所

即賣所內攤位

鎌倉中央食品市場

Paradise Alley

鎌倉市農協連即賣所

🕒 8:00 ～傍晚（售完會提前結束）

㊡ 1月1日～ 4日

🚉 JR「鎌倉駅」東口徒步 3 分鐘

📍 鎌倉市小町 1-13-10

🌐 kamakurarenbai.com/

Hello Cycling

鎌倉車站周邊雖說就有眾多步行可及的景點，如小町通、鏑木清方記念美術館、鶴岡八幡宮、段葛、本覺寺等，然而夏天的鎌倉實在非常炎熱，體力不知不覺就在豔陽照射下迅速流失，走不了太多地方。如果想將旅遊範圍擴大一些，可以利用佈建在鎌倉市內的「Hello Cycling」共享自行車系統，深度暢遊更多歷史景點。

Hello Cycling 是以東京為中心，擴展到全日本的租賃系統，在鎌倉市內有將近五十個站點可以利用，遍布在各重要景點設施旁，相當方便。借用手續也很簡單，首先要下載 Hello Cycling 的 APP，第一次使用前必須先登錄個人資料，並綁定信用卡，接下來就可以尋找自行車的站點，點進去會顯示這一站有幾輛車可以借、幾個位置可以還（停）車，下方會逐一列出可以借的車輛。選定喜歡的車輛並確認電力殘留狀況後，按下確認，再利用手機解鎖，就可以騎著腳踏車到處暢遊了。

鎌倉的 Hello Cycling 提供的大多是電動輔助自行車，最推薦的是 KURODO，全黑的運動車款設計，騎乘起來更為穩定、舒適。KURODO 的收費比其他自行車略高一些，前三十分鐘三百日圓，之後每延長十五分鐘一百五十日圓，當日最高使用上限十二小時二千日圓。

騎到各景點，找到合適的停車位置，要記得上鎖，解鎖時只要點開 APP，並將手機靠近鎖頭即可，做過幾次就會很熟練。不過要留意的是，KURODO 的借還都必須在專屬站點，在 APP 的地圖上是以藍色標示，可別還錯地方了。

御成通

御成通り

從鎌倉市農協連即賣所走回鎌倉車站，經過地下道走到西口。車站正前方約二百公尺處有間小說《山茶花文具店》曾幾次提到過的「紀ノ国屋」（紀之國屋）超市，是當地有錢人的御用店，物價比 JR 鎌倉駅東口旁的東急超市要高了一些，提著印有 KINOKUNIYA 字樣的環保購物袋似乎也成了一種身分的表徵。

從車站往南走即是「御成通り」（御成通），與小町通一樣都是商店街，不同的是御成通的觀光客明顯較少，因此多了一些在地生活的氣息。車站前全家便利商店旁不起眼的小巷內，有一家在地人才知道的「お好み焼き」（御好燒）人氣店「津久井」，緊鄰在旁的是在台灣也有高知名度的梅酒「蝶矢」，可以預

御成通

紀之國屋超市

約體驗自製梅酒。

在商店街唯一的十字路口旁，以奶油夾心餅乾聞名的「鎌倉小川軒」本店就在一角，在此往江之電鐵軌的方向走，平交道旁就有個 Hello Cycling 租賃站，選了一輛 KURODO，開始往稍遠的景點移動，第一站是源賴朝之墓。

鎌倉小川軒

御成通蝶矢

源賴朝之墓

騎著KURODO從御成通出發，沿著若宮大路直行，在鶴岡八幡宮三之鳥居前右轉，行經古代因運送鹽而繁榮的「金澤街道」，往源賴朝之墓前進。如果是以鶴岡八幡宮為出發點，走鳥居前的橫大路，往東步行約十三分鐘亦能抵達。

這一帶是鎌倉幕府最早發展的地方，包含源賴朝的將軍御所、御家人宅邸，還有公文所等幕府重要行政機構都在這附近，當時的地名是大倉鄉，因此又稱為「大倉御所」或「大倉幕府」（註），鎌倉町青年會在清泉國小圍牆外的一角，立碑記載這段歷史。不光在這裡，在整個鎌倉市內各重要史蹟地都能看到類似的石碑，於大正及昭和年間陸續完成，總數約八十座。

一一九九年源賴朝猝逝，享年五十三歲。源賴朝是在參加完相模川造橋落成典禮的回程時，意外墜馬身

源賴朝之墓

大倉幕府舊跡石碑

亡，然而《吾妻鏡》在源賴朝墜馬前及死後卻幾乎都沒有記載，如此重大的事件卻輕描淡寫帶過顯得有些刻意，似乎在迴避或隱瞞什麼，且正值壯年且精通馬術的武士，竟然會因落馬致死，許多人都感到難以置信，後世也對源賴朝之死提出許多疑問，認為源賴朝真正的死因也許並不單純，還延伸出多種陰謀論的說法，但也缺乏更多新發掘的史料可以證實。

　源賴朝死後葬在自己的佛堂法華堂，位於大倉幕府附近的小山上。在鎌倉時代，因為地勢關係，開鑿山壁的「やぐら」（矢倉），也就是橫穴式墳墓最為常見，只有皇族等身分地位高的人，死後才會將骨灰放置法華堂祭祀供養。登上一段陡峭的石階，有一片開闊的平台，不過法華堂早已毀壞不復存在，眼前一座五重石塔就是源賴朝之墓。一位民眾帶著供品，在墓前靜靜地合掌膜拜許久，猜想或許是感念源賴朝開創新時代並持續守護著鎌倉吧。

　往東約五十公尺外，則是鎌倉幕府第二任執權北条義時之墓。一二二四年北条義時在去世後，姐姐政子幫他建立法華堂，特地選在源賴朝之墓附近，以彰顯這位一輩子共同打拼、讓北条家站上權力頂點的弟弟不凡的地位，充滿了家人間的親情與思念。不過如今只剩一片空地，除了佛堂基柱外什麼都沒有，鎌倉市特地委託湘南工科大學長澤・井上研究室，透過AR技術，復原重現當時法華堂的樣貌。

（註）鎌倉幕府是後世對於源賴朝所建立之政權的稱呼，依官方編年史《吾妻鏡》用語，將軍的御所使用「幕府」二字，因此大倉幕府指的是將軍御所的所在地。

法華堂復原AR畫像（©湘南工科大學 長澤・井上研究室）

源賴朝之墓

JR、江ノ電「鎌倉駅」徒步 20 分鐘

鎌倉市西御門 2

荏柄天神社

在還沒有鎌倉幕府之前，祭祀菅原道真的「荏柄天神社」就已經創立。

菅原道真（八四五～九〇三年）是日本家喻戶曉的詩歌與學問之神，出生於平安時代，年幼時即顯露過人的天賦及文學才華，才德兼備，備受尊崇，三十三歲時被授予最高學位的文章博士。當時的朝廷幾乎被藤原氏所壟斷著，家族成員擔任高官與大臣，年輕的宇多天皇在八八七年即位後，亟欲重建皇室權力，於是選擇菅原道真作他的主要顧問，並擔任皇太子的老師。學者從政的道真和天皇亦師亦友，經常被召喚入宮，提供學問見解與對國家事務的看法。

宇多天皇熱衷追求詩詞創作、書法等文化領域，在三十一歲就急著退位，傳給皇子醍醐天皇。宇多上皇在八九九年用自己的權利晉升道真為右大臣，與左大臣藤原時平共同綜理國政。然而上皇的善意之舉卻反而害了好友，因為過高的官位引來政敵鋪天蓋地的攻擊，加上後來上皇剃度出家，難以再即時提供道真必要的協助。

菅原道真的最大政敵藤原時平，先是煽動朝臣對道真產生不滿，並秘密向醍醐天皇提出警告，表示道真意圖聯合上皇罷黜天皇，好讓皇孫齊世親王即位。這項沒有根據的指控奏效，年輕的醍醐天皇感到危機迫在眉梢，不待詢問父親即將藤原時平的說法照單全收，不但罷黜道真，將他貶為大宰權師，更下令流放到遙遠的九州太宰府。道真趕忙寫下求救

荏柄天神社

信，遲了好幾天，上皇才趕到皇宮要為好友求情，但為時已晚，滿懷遺憾被流放在蠻荒之地太宰府的道真，兩年後即因病抑鬱而終，藤原氏也重掌大權。

如果事情就此完結，菅原道真或許也不會成為學問之神。道真死後，一連串詭異的災難接續發生，幾年後藤原時平突然猝死，另一政敵源光也死於狩獵意外，接下來崇象皇太子與新的皇太子（藤原時平女婿）紛紛過世，一連串的死亡讓人聯想到是道真的怨靈在作祟。為了不讓災害繼續發生，醍醐天皇決定恢復道真右大臣之位，並追贈正二位。然而災難並未就此平息，傳聞道真的怨靈以「雷神」之姿持續展開復仇，皇居遭到雷擊，一名藤原氏官員當場死亡、一位公卿的臉嚴重灼傷，目睹這些事故的醍醐天皇受到嚴重驚嚇、元氣大傷，三個月後就駕崩離世。

發生一連串的不可解的災害之後，朝廷

決定撤除所有對道真的指控，恢復生前名譽，並依神諭興建神社，以尊崇道真，七四七年在平安京北方興建北野神社，祭祀其御靈。約四十年後，當時的天皇在藤原攝政的建議下，授予道真「天神」之身分，由於道真生前學富五車的形象，祭祀多年之後成了人們心中的學問之神。

　道真過世約二百年後，相傳在長治元年（一一〇四年）某一天，原本是晴空萬里的好天氣，天色突然變得昏暗並降下雷雨，伴隨著雨勢，一幅畫著菅原道真像的卷軸跟著從天而降，掉落在「荏草鄉」，當時的人民篤信鬼神，認為這是神蹟（也許是更害怕怨靈吧），於是建造社殿祭祀這幅畫像。久遠的歷史，與京都北野天滿宮、福岡太宰府天滿宮並稱日本三大最古的天神社。

　源賴朝率兵進入鎌倉後，隨即以鶴岡八幡宮為中心，設計南北軸的若宮大路，並建造御所，開始打造城鎮。源賴朝選定鎌倉為根據地，除了與先祖過往淵源有關外，也看中鎌倉擁有東青龍、西白虎、南朱雀、北玄武的「四神相應」地形，與平安京的選址想法如出一轍。

　以方位上來說，東北方是鬼門，必須有法力高強的神明鎮守，正好位於這個方位的荏柄天神社顯得特別重要，源賴朝於是下令重新營造社殿，與鶴岡八幡宮同樣都是武家政權的守護神。天神社整建後備受幕府歷代將軍及執權尊崇，《吾妻鏡》記載二代將軍源賴家曾命重要文官大江廣元擔任奉幣使，在菅原道真死後三百年忌時，舉行盛大的儀式。

　來到拜殿投入賽錢後拉鈴緒搖鈴，然後以「二禮、二拍手、一禮」的標準方式參拜。朱紅色的拜殿大門敞開著，殿門上簍空的梅花圖案閃耀生動，門旁掛著滿滿的繪馬，寫著想要學業成就金榜題名的熱切心願。東側有一棵樹齡與神社歷史相當的大銀杏，據說就是當時天神畫像降臨的地方。

每個月的二十五日是天神的「ご緣日」（緣日），也就是與神明有緣的日子，一月二十五日是一年之中第一個天神緣日，在御殿舉行祭事後，會在參道的中央進行「筆供養」的儀式，將舊筆或寫到變短的鉛筆焚燒，向這些筆致上感謝之意。由於二月就是日本考試的季節，有非常多考生會在此時前來參拜，祈求天神保佑，順利通過試驗。

拜殿左側有一座「繪筆塚」，是一枝特大號青銅製的筆，由住在鎌倉的漫畫家橫山隆一發起並親自設計，手塚治虫、藤子・F・不二雄共一百五十四位知名漫畫家紛紛響應，各繪製一幅河童畫，於一九八九年完成，每年十月會在此舉行一場特殊的「繪筆塚祭」，供養長年使用的繪筆。

太宰府天滿宮

繪筆塚

北野天滿宮

荏柄天神社

8:30 ～ 16:30

JR「鎌倉駅」前搭京急巴士往「鎌倉 20 大塔宮」在「天神前」下車徒步 3 分鐘

鎌倉市二階堂 74

www.tenjinsha.com/

鎌倉宮本殿

鎌倉宮

結束荏柄天神社的參拜，走到鳥居外的路口，遠遠就能看到「鎌倉宮」白色的明神大鳥居。順著鳥居後方的參道走進鎌倉宮，境內綠意盎然，杉木茂密，背倚群山，如同置身森林裡，頗有幽靜之趣。

小川糸的小說《山茶花文具店》，將文具店的位置設定在靠山的二階堂一帶，有一天雨宮鳩子先是到鶴岡八幡宮參拜，之後再前往鎌倉宮，內心不免感到有些愧疚感，因為鎌倉宮是祭祀鎌倉幕府終結者的神社。

相較於荏柄天神社超過千年的久遠歷史，鎌倉宮可說非常的新，建於明治二年（一八六九年），奉明治天皇之諭令創建，祭祀英年早逝的護良親王（一三〇八～一三三五年）。

護良親王是後醍醐天皇之子，從小聰穎，曾經出家擔任比叡山延曆寺的天台座主（住持），

鎌倉宮鳥居

厄除石

一三三一年後醍醐天皇舉兵倒幕，護良親王為了完成父親心願還俗，並在吉野起兵，是推倒鎌倉幕府的關鍵人物。

鎌倉幕府滅亡後，後醍醐天皇回到京都，開啟「建武新政」，護良親王被封為征夷大將軍，以防止武家政權再次抬頭。然而護良親王卻受與之敵對的足利尊氏（一三〇五～一三五八年）讒言所害，被天皇認為可能會謀反奪取皇位，不但被解任大將軍一職，還被逮捕送到鎌倉幽禁，由足利尊氏的弟弟足利直義負責監視，一三三五年於土牢中慘遭殺害，享年二十八歲。當時護良親王被監禁約九個月的狹小土牢，至今仍保留在神社後方。

本殿祭祀的主神即是護良親王，保佑除厄、商業繁盛、願望成就、安產等，其中又以除厄特別有名，可買一片「厄除石」，對著它吐一口氣後丟到石頭上摔破，如此就能化解厄運。每年十月上旬在鎌倉宮舉行的「鎌倉薪能」猶如一場古典藝能的饗宴，演出傳統的素謠、能和狂言，已持續舉行超過半世紀，是象徵鎌倉秋天來臨的風物詩。

鎌倉宮

- 9:00 ～ 16:00
- JR「鎌倉駅」前搭京急巴士往「鎌倉 20 大塔宮」在「大塔宮」下車徒步 1 分鐘
- 鎌倉市二階堂 154
- www.kamakuraguu.jp/

永福寺跡

「如果當年永福寺沒被燒毀並妥善保存下來的話，一定會成為日本紙鈔或硬幣的圖案。」在抵達永福寺跡前，日本友人這樣跟我說。我心想那不就要像宇治平等院鳳凰堂那樣的樣式及規模才有可能，半信半疑之間，已從鎌倉宮走到這處已被列為日本遺產的鎌倉時代建造的寺院遺址。

源賴朝舉兵後不久，源義經隨即從奧州趕來，加入同父異母哥哥的陣營。源賴朝看到這個自出生後就不曾再見過面的弟弟，非常感動，據說兩人在黃瀨川畔相擁而泣。

NHK《鎌倉殿的13人》有一幕描述源義經來到鎌倉後，第一次進到大倉御所的劇

永福寺俯瞰（© 鎌倉市教育委員會）

情。源義經非但沒有讚美，反倒是誇耀奧州平泉是個好地方，這裡根本不能比，源賴朝不以為意，笑著說希望有一天能將鎌倉經營成不輸平泉的豐饒之地，沒想到義經竟然大剌剌地回說：「有辦法嗎？我看很難吧！」其他人在旁邊聽了不禁為他捏了一把冷汗。

義經不懂得「閱讀空氣」，加上個性高傲、專橫，一心只想盡快出兵討伐平家因而多次頂撞哥哥，雙方心結也在不斷的衝突中越結越深，為日後的兄弟相殘埋下伏筆。

為了確保御家人的忠誠，源賴朝曾下令所有階級成員均不得從京都收受任何好處，僅有他擁有獎賞自家追隨者的權利，假使朝廷之獎賞為官位之任命，也必須由他推薦。源義經在一之谷之戰後，深受後白河法皇的賞識，賜予他「檢非違使」一職，是維護京都治安的令外官，然而這個官位並不在源賴朝的推舉名單中，等於是跳過源賴朝私受官位，對於正急於樹立統治御家人權威的源賴朝而言，可說是明目張膽地破壞了遊戲規則，嚴重犯了大忌。

源義經在戰場上為了取勝，可以完全不擇手段，雖然在關鍵的壇之浦戰役滅亡平家，立下不可一世的輝煌戰功，但許許多多不利義經的流言已早先一步傳回鎌倉，擔任總大將的源範賴，以及御家人梶原景時，均向源賴朝投訴源義經的專斷獨行。

源賴朝先是拔掉義經的指揮官權限，並且不允許他押著平家俘虜進入鎌倉，待他返回京都後又派刺客刺殺，此舉也讓義經從原先的委屈轉為憤怒，至此兄弟正式決裂。後白河法皇見有機可趁，向義經下達討伐源賴朝的諭令，然而形勢比人強，源義經無法集結武士，先是流落吉野，再迂迴由北陸道逃往熟悉的奧州，尋求北方王者藤原秀衡（一一二二～一一八七年）的庇護。

奧州在藤原氏四代的經營之下，建立富饒的王國，文化高度發展，義經與藤原秀衡情同父子，在這裡度過人生最後一段平靜的日子。此時源賴朝仍不斷地壓迫朝廷命藤原氏交出義經，但藤原秀衡置之不理，還為義經蓋了新的藏匿居所。

然而藤原秀衡終究年事已高，於一一八七年冬天因病去世。源賴朝獲朝廷許可，準備攻打奧州，繼承家督的藤原泰衡為了保全藤原一族，違背父親以主君之禮守護義經的遺願，派兵襲擊義經位於衣川的住處。義經最忠心的家臣弁慶戰到最後一刻身亡，盔甲插滿箭矢，依然傲然挺立，直到被敵軍馬匹撞倒，眾人才知弁慶早已「立往生」，自知已無退路的義經先手刃妻子再自殺，結束短暫卻波瀾壯闊的三十歲人生。熟悉日本文化的美國學者 Ivan Morris（伊文．莫里斯），以「英雄的完美生命拋物線」，貼切地形容源義經波瀾壯闊的一生。

源義經死後，藤原氏將義經的首級送到鎌倉，但源賴朝並沒有就此停下攻打奧州的腳步。源賴朝對六十六國發出動員令，並親自從鎌倉出發率領大軍北上，藤原軍節節敗退，當主藤原泰衡遭部下背叛，慘遭殺害，統治奧州百年開創絢爛黃金文化的藤原氏至此劃下句點。

源賴朝在征討奧州時，看到中尊寺二階大堂（大長壽院），對於藤原氏文化水準之高感到非常驚訝，於是以其為範本，模仿其樣式打造這座「永福寺」，以祭奠在奧州合戰中身亡的源義經、藤原泰衡及木曾義仲等眾多武將及數萬死者的亡靈。以當時源賴朝的大倉幕府所在位置來看，永福寺位於東北角的方位，亦有鎮守鬼門之義。

根據《吾妻鏡》記載，源賴朝曾幾次親自視察，對於庭園石頭的方向細部調整曾提出修正建議，顯見對其重視之程度。在東西一百三十公尺、南北二百公尺的平地上，幕府傾全力投入，打造出莊嚴的二階堂（本堂），高七丈餘（約二十二公尺），與左右對稱的藥師堂、阿彌陀堂三棟伽藍，中間以迴廊連結，於建久武年（一一九四年）完成，是鎌倉最早打造的大佛殿。源賴朝曾多次在此舉行賞花、賞月、賞雪、蹴鞠，或是吟唱和歌的宴會，招待從京都遠到而來的公家官員，展現源氏的統治實力。

不過如此歌舞昇華的景象並沒有維持很久，應永十二年（一四〇〇年），永福寺在火災中付之一炬，此後未再重建，原址就此荒廢。一九八三年開始進行挖掘調查，確認伽藍建築與庭園曾經存在，如今已復原建物的基礎及苑池，成為一處史蹟公園。

開闊的公園，水池映照著周圍山丘的綠蔭，鎌倉市與湘南工科大學長澤．井上研究室合作，利用VR技術製作，以CG動畫復原當時景象，用手機讀取告示板的QR code，永福寺彷彿穿越時空，生動地呈現在螢幕上，讓人得以一睹當時日本規模最大的佛寺風采。友人所言並不誇大，若不是遭遇火劫，保留至今的話，想必絕對是會被列為世界文化遺產的珍貴資產。

註：永福寺復原CG詳第137頁。

鎌倉市製作永福寺 AR 使用說明（© 鎌倉市教育委員會）

永福寺跡

9:00～17:00

JR「鎌倉駅」前搭京急巴士往「鎌倉 20 大塔宮」在「大塔宮」下車徒步 5 分鐘

鎌倉市二階堂 209

www.kamakuraguu.jp/

覺園寺

覺園寺
覚園寺

從永福寺跡折返回鎌倉宮，順著指標往「覺園寺」而行。

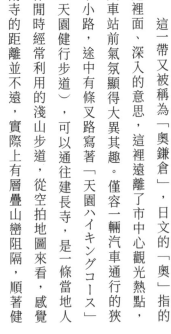

這一帶又被稱為「奥鎌倉」，日文的「奥」指的是裡面、深入的意思，這裡遠離了市中心觀光熱點，與車站前氣氛顯得大異其趣。僅容一輛汽車通行的狹窄小路，途中有條叉路寫著「天園ハイキングコース」（天園健行步道），可以通往建長寺，是一條當地人休閒時經常利用的淺山步道，從空拍地圖來看，感覺兩寺的距離並不遠，實際上有層疊山巒阻隔，順著健行步道必須繞一大圈才能抵達。

寧靜的住宅區，小路兩旁都是住家，後面就是蔥鬱的山麓，山勢雖然不高，但已讓人有被大自然包圍的感受。幕府時期的鎌倉被稱為「鎌倉中」，和現代地圖重疊來看，面積大約只有鎌倉市的三分之一，最多曾有大約三萬人在此生活，對比經過現代化開發後的同樣區域也僅住了四萬多人，不難想像當時人口之稠密，可以想見當時幕府投注無數心力，打造這處新的統治中心。

由於鎌倉多山且地形複雜，平地極少，只能善加利用山谷間的土地，整個鎌倉有超過二百個「谷」，形成宛如槲樹葉的網狀葉脈，透過Google衛星地圖來看尤其明顯。這些利用山谷所開闢出來的土地，當時大多做為武士屋敷（住家）或寺院，覺園寺就隱身在山谷最深處的小路旁。

鎌倉幕府的第二代執權北条義時篤信藥師如來，根據《吾妻鏡》，一二一八年七月九日，北条義時在睡夢中夢到一隻白狗，是藥師如來的使者戌神將，於是依照夢境的指引，找到這塊神聖的土地，建造「大倉藥師堂」，是覺園寺的前身。

鎌倉幕府到了第八代執權北条時宗，兩度遭遇元軍發動的襲擊，日本稱為「元寇來襲」，雙方武力相差懸殊，但元軍卻兩度都遭遇暴風雨，無功而退，日本安然度過危機，然而龐大的軍事花費也使得幕府元氣大傷。第九代執權北条貞時（一二七一～一三一一年）為祈願元寇不再入侵，一二九六年延請智海心慧律師開山創立覺園寺，是一處可以同時修行真言、天台、禪、淨土四宗的佛寺。

走入山門，首先看到的是「愛染堂」，供奉愛染明王，是掌管「為得到幸福打消恐懼和不安，勇往直前的力量」和「熱情」的神明。這棟愛染堂原本位於附近的大樂寺，在明治時代廢佛毀釋政策下廢寺，於是移築至覺園寺內。這個區域可以自由參拜，要到藥師堂必須在旁邊的拜觀受付所購買門票才能進入，但可別為了省下拜觀料就掉頭離開，因為裡面才是覺園寺的精華。

被大自然所包圍的靜謐空間，藥師堂（本堂）坐落其間，是一棟外觀古樸的茅葺建物，由足利尊氏重建，《吾妻鏡》記載，供奉的本尊藥師如來出自鎌倉時代首屈一指的雕刻名家運慶，不過覺園寺曾二度遇火劫，現存的佛像大多十五世紀初雕成。

坐在須彌壇正中央蓮花台上的藥師如來佛臉型略顯豐潤，表情莊嚴肅穆，雙手在腹部前交疊打出禪定印，手心捧著藥壺，完成的年代雖然有多種說法，但無疑是佛像雕刻的傑作。左右兩旁分別是月光菩薩與日光菩薩座像，由室町時代的佛師朝佑製作，三尊佛像法衣衣襬垂墜，是鎌倉特有的宋風文化。三尊如來兩側各有等身大的六神將守護著，神情威嚴、躍然生動，連同黑地藏尊（地藏菩薩立像），共有十六尊佛像列為日本重要文化財，是鎌倉屈指可數的佛像寶庫。

在静寂的佛寺，夏日涼風習習、蟬鳴不已，身心無比放鬆舒暢，讓人不捨離去，境內深處與山脈相連，在鎌倉百餘寺院中，覺園寺可說是環境最為幽玄的一座，也是非常多鎌倉在地人最推薦的私房景點。

註：覺園寺付費區內禁止拍照攝影。

愛染堂

覺圓寺

🕓 10:00 ～ 16:00（最後入場時間 15:40）

㊡ 4 月 27 日、8 月 10 日、12 月 20 日～ 1 月 7 日

¥ 大人 500 日圓、中小學生 300 日圓

🚃 JR「鎌倉駅」前搭京急巴士往「鎌倉 20 鎌倉宮（大塔宮）」在「大塔宮」下車徒步 10 分鐘

📍 鎌倉市二階堂 421

🌐 kamakura894do.com/

一条惠觀山莊

一条恵観山荘

鎌倉是武士創建的城市，武士精神崇尚質實剛健，鎌倉幕府融合了中國宋元與庶民文化，發展出獨特的「武家文化」，與京都、奈良的貴族文化有所不同。然而在鎌倉的金澤街道旁，卻罕見地有一處讓人猶如置身絕美京都庭園的「一条惠觀山莊」，讓人身在武士之都，仍能感受風雅貴族留下的幾分遺緒。

從京都移築而來的一条惠觀山莊原本位在京都西賀茂，由後陽成天皇的第九個皇子一条惠觀（一六〇五～一六七二年）所築。一条惠觀曾兩度出仕朝廷關白攝政要職，在政治上全力支持兄長後水尾天皇，他還精通多項文化藝能，舉凡和歌、能樂、繪畫、茶道都很擅長，並且擁有豐富的建築知識，因此親自設計這處別邸，於江戶時代初期完成，與後水尾天皇的「修學院離宮」、八条宮智仁親王（一条惠觀

一条恵観山荘

一条惠観山莊內部

叔父）的「桂離宮」，都是同一時期的皇室庭園。

時光流轉、人事已非，這座山莊長期遭到廢置，被遺忘在京都西賀茂的山林裡，於一九五九年被移築到鎌倉，低調的經過將近一甲子，直到二〇一七年才開始對外開放，也揭開京都皇族庭園的神秘面紗。

在ＪＲ鎌倉車站東口前搭乘京急巴士，經過人潮可觀的鶴岡八幡宮後往東直行，一条惠觀山莊就低調地隱身在金澤街道旁，後方有衣張山茂盛的林木環繞，正好是一条惠觀喜歡的雜木林景觀。

從御幸門走進內部，是翠綠的青苔庭院，配置飛石、石橋，呈現枯流水的風情，一景一物無不充滿京都庭園的風雅。山莊主建築有著厚重的茅葺屋頂，外觀略顯簡樸，不過一踏進室內，整潔柔軟的塌塌米香氣盈人，無論是天井的竹編、門上的杉戶繪、最高級的疊緣塌塌米，都能看出山莊設計時的講究與用心。

杉戶繪

一条恵観山荘庭園

結束山莊內的見學，我再次到庭園閑走，尋撫古都流風，想像著當年邀請皇親貴族來此參加茶會，眾人舉酒品茗、吟風弄月，何等愜意，作為東道主的一条惠觀，得意之情想必是溢於言表吧。

離開山莊前，在「かふぇ楊梅亭」稍歇並品嘗甜點，窗外庭園風景伴隨滑川的潺潺水流，草木依四季呈現不同的顏色變化，不管從哪個角落看都很美，是身在鎌倉卻可以沉浸京都風情的新名所。

一条惠觀山莊

- 10:00 ～ 16:00
- ㊡ 星期一、二
- ¥ 500 日圓
- JR「鎌倉駅」前搭京急巴士在「淨明寺」下車徒步 2 分鐘
- 鎌倉市淨明寺 5-1-10
- ekan-sanso.jp/

報國寺本堂

報國寺

報国寺

日本的綜藝節目喜歡做各種排行榜來吸引觀眾目光，二〇二三年富士電視台的「知って得する 1番かぶり」，曾做過一集工程浩大的特別節目，製作單位完整蒐集市面上近五5年出版、共四十六本關於鎌倉的旅遊書，總數達五千六百七十六頁，企劃人員詳細閱讀每一頁的內容並統計關鍵字，再將最多旅遊書介紹的景點依序排名。毫無懸念，鎌倉兩大看板景點「長谷寺」及「鶴岡八幡宮」分居前兩名，不過前十名中有個讓人略感陌生的地方，卻有多達三十三本介紹，不但一舉拿下第五名，名次甚至還贏過鎌倉五山第一的「建長寺」及鎌倉大佛所在的「高德院」，這處景點就是以竹林美景享譽海外的「報國寺」。

報國寺距離一条惠觀山莊不遠，步行不到五分鐘即可抵達。實際走進這處一三三四年由高僧天岸慧廣（佛乘禪師）開山的古寺後，或許就能了解如此受各家出版社青睞的原因了。

鐘樓

報國寺竹林

休耕庵

進入山門順著平緩的石坂道，首先必然會被兩旁的青苔吸引目光，陽光穿過樹梢錯落撒在其間，青蔥蒼鬱，一開始就給人好印象。接著會看到境內歷史最悠久的建物「鐘樓」，建於江戶時代中期，從右手邊階梯走上去，是供奉釋迦如來的本堂，一旁的枯山水石庭重現創建時的情景，以石頭、白砂表達山川的模樣，呈現禪宗的靜寂世界。

走到本堂後方，更能深刻體會報國寺的魅力，一度讓我以為來到京都嵐山嵯峨野的竹林小徑。廣大的竹庭約有二千棵孟宗竹，非常壯觀，因此又被稱為「竹庭之寺」。微風吹撫竹林發出窸窣的聲響，搭配瀑布的水流和鳥鳴，形成一個療癒心靈的世界。在日文版米其林綠色指南中，報國寺得到三顆星的高評價，在海外具有高知名度，也難怪竹庭裡幾乎都是歐美旅客的身影。

根據富士電視台的統計，比孟宗竹出現更多次的關鍵字是「休耕庵」，是位在竹林最深處的茶室，圓弧形的座位面對著竹林，可在此靜靜欣賞同時品味抹茶甜點，度過悠閒的鎌倉時光。

報國寺

- 9:00～16:00
- ㊡ 年末年始（12月29日～1月3日）
- ¥ 大人400日圓、中小學生200日圓
- JR「鎌倉駅」前搭京急巴士在「淨明寺」下車徒步2分鐘
- 鎌倉市淨明寺2-7-4
- houkokuji.or.jp/

写真提供：鎌倉市観光協会

舊華頂宮邸

旧華頂宮邸

報國寺附近有一棟美麗的洋樓「舊華頂宮邸」，是華頂博信侯爵的宅邸，建於昭和四年（一九二九年），三層樓的木造建築，與鎌倉文學館同為神奈川縣內，戰前所建規模最大的洋風住宅建築，是連續劇和電影劇組偏愛的取景地。

外觀採用半木桁架結構設計，房屋樑、柱的木架結構裸露在外面，以幾何線條整齊地排列，充滿古典氣息。走近端詳建築的細節，發現一樓外牆的面磚有種熟悉的感覺，與台南的林百貨店（一九三二年十二月開幕）同樣都使用垂直線條的「溝面磚」，兩者落成的年代相近，想必是當時日本流行的一種常用建材。宮邸

舊華頂宮邸

內部平時大門深鎖，一年之中僅在春秋兩季各開放兩天，由於機會難得，每次總會吸引眾多人潮前往參觀。

戶外法式庭園同樣採幾何形式配置，園內種植玫瑰與紫陽花。庭園的對面有一間從東京移築而來的木造茶室「無為庵」，同樣是昭和初期的建物，但與華頂宮邸呈現鮮明的和洋對比，也成為鑑賞時的一大樂趣。

舊華頂宮邸

無為庵

舊華頂宮邸

🕓 庭園 10 月～ 3 月 10:00 ～ 15:00、4 月～ 9 月 10:00 ～ 16:00

㊡ 星期一、二，年末年始

🚉 JR「鎌倉駅」前搭京急巴士在「淨明寺」下車徒步 4 分鐘

📍 鎌倉市淨明寺 2-6-37

寶戒寺本堂

寶戒寺

宝戒寺

造訪鎌倉多次，一直未曾聽聞「寶戒寺」，直到讀了青山美智子的小說《鎌倉漩渦服務中心》，才知道有這麼一座與北条家密切相關的古老佛寺。

北条家原本只是伊豆的小豪族，勢力不算強大。一一五九年因天皇繼位問題爆發「平治之亂」，源氏敗給平家，源義朝的三男源賴朝因平清盛的一念之仁，沒被處死，而是被流放到伊豆半島。源賴朝先是由與平家親近的伊豆豪族伊東佑親監禁，後來轉由北条家負責，北条時政的女兒政子對這位京都來的貴公子一見傾心，不顧反對，堅持與源賴朝結婚，也徹底改變了北条家的命運。

《鎌倉殿的13人》有一幕演到，北条家長男宗時不想繼續看平家的臉色，希望有朝一日要讓北条家站上領導者的地位，開創屬於坂東武士的世道，因此決心作為源賴朝的後盾，對抗平家。北条宗時雖不幸在源賴朝舉兵首役石橋山之役戰死，不過他想讓北条家出人頭地的心願，由父親時政和弟弟義時接力實現。

一一九九年源賴朝墜馬突逝，幕府權力逐漸落入北条家手中，北条時政成為首任執權後，和義時聯手清除異己、鞏固權力。鎌倉時代不光是御家人大亂鬥，血親間的相殘也毫不手軟，先有北条義時暗殺被流放在修善寺的外甥源賴家，時政則是下令討伐自己的女婿畠山重忠，並在繼室牧氏不斷地慫恿下，想要逼源實朝讓位，好讓自己的另一位女婿平賀朝雅繼任鎌倉殿，這逾越紅線的舉動，最終也被兒子義時流放伊豆，老死在故鄉。

第三代將軍源實朝遇刺身亡後，源氏將軍血脈斷絕，幕府從京都將九条三寅（即藤原賴經）迎來鎌倉並奉為鎌倉殿。然而三寅根本就還只是個二歲幼兒，因此在成人式之前由北条政子輔佐，成為實質上的將軍，由於政子已在源賴朝死後出家，所以又被稱為「尼將軍」，和弟弟北条義時一同掌控幕府實權。

源實朝生前透過和歌與後鳥羽上皇交好，還與上皇達成要把將軍之位讓給上皇之子的共識。生性好強又熱愛武藝的後鳥羽上皇，對於

寶戒寺參道入口

寶戒寺大聖天

源實朝之死非常不悅，他察覺並非所有的東國武士都對北条義時心悅臣服，認為此時突擊必能使幕府垮台，於是向全國下達追討義時的院宣。

面對進入鎌倉以來最大的挑戰，幕府選擇抵抗到底，雖然部分御家人也有些動搖，不過在尼將軍政子一場打動人心的演說促使下，御家人最終團結一致，度過攸關鎌倉幕府存亡的「承久之亂」（一二二一年）危機。

北条義時以壓倒性的兵力攻向京都，朝廷軍大敗，後鳥羽上皇被以押送罪人用的「逆轎」，流放到島根縣北部外海的小島隱岐，此生未再離開過。原本朝廷和鎌倉的公武（公家和武士）二元政治至此劃下句點，確立武家在全國的政權，因此也有部分學者認為鎌倉幕府至此才算真正成立。

在北条氏的經營下，鎌倉幕府一直傳承到第十六代執權北条守時（一二九五～一三三三年）。然而到了鎌倉時代末期，各地早已對於北条家獨佔日本大半守護職感到不滿，元寇兩度來襲，沉重的軍事費用更使得御家人變得貧困，十四代執權北条高時大權旁落，終日沉迷鬥犬與田樂（傳統舞蹈），更是讓御家人對幕府的忠誠喪失殆盡。

一三一八年即位的後醍醐天皇希望能夠親政，於是擬定討幕計畫，兩次都因提前洩密而失敗。一三三一年，後醍醐天皇於笠置山舉兵，再次失敗並被流放隱岐，不過武將楠木正成不斷以游擊戰，讓幕府軍損失慘重，天皇長子護良親王也呼應楠木正成，在吉野起兵，各地不滿幕府統治的御家人越來越多，相繼爆發反幕府的叛亂行動。

新田義貞在一三三三年率軍進攻，與北条軍爆發激戰，此時鎌倉發揮天然要塞銅牆鐵壁的優勢，新田義貞久攻化粧坂和極樂寺坂不下，最後迂迴從稻村崎進入，一舉攻破幕府軍防線。北条高時及全族人八百七十餘人，在距離寶戒寺東南方不遠的「切復谷」自盡，鎌倉幕府滅亡，結束長達一百五十年的鎌倉時代。為了弔念亡靈並作為修行的道場，後醍醐天皇命足立尊氏，利用北条義時擔任執權所建立的宅邸，修建這座佛寺。

全名「金龍山釋滿院圓頓寶戒寺」，為天台宗寺院，門前有一條筆直的石坂參道，寺裡打掃得一塵不染，彼岸花正盛開著。境內除了本堂，還有聖德太子堂、德崇大權現堂、大聖歡喜天堂。本堂的本尊是「子育經讀地藏大菩薩」，對於保佑女性安產和小孩健康成長特別靈驗。本堂中另供奉「毘沙門天」，是鎌倉．江之島七福神的神明之一，為此而來的參拜者也不在少數。德崇大權現堂則是祭祀鎌倉幕府第十四代執權北条高時，每年五月二十二日會將神像迎至本堂，唱誦《大般若經》，並供奉歌舞音樂，以悼慰北条家死者的亡靈。

寶戒寺同時也是一處賞花名所，境內除了冬梅、春櫻、夏紫陽，秋天則有大量白色的萩花盛開，因此又有「萩寺」之別名，四季繁花似錦，是另一項魅力。

寶戒寺

- 10月～3月9:30～16:00、4月～9月9:30～16:30
- 高中以上300日圓、中學生200日圓、小學生100日圓
- JR、江ノ電「鎌倉駅」徒步13分鐘
- 鎌倉市小町3-5-22
- hokaiji.com/

寶戒寺聖德太子堂

若宮大路幕府舊跡

鎌倉之所以吸引人，不僅僅是那些名聲響亮的寺院神社，走在保留舊時光景的小路，同樣會讓人興致盎然。

從舊華頂宮邸沿著鎌倉時代留下來的「田樂辻子」小路往寶戒寺、鶴岡八幡宮的方向走，沿途都是一般住家，巷弄裡沒有冰冷的水泥圍牆，紅芽赤楠做成的樹籬最為常見，或是以竹編、黑色板塀圍成的庭院外牆，有些人家院子裡的花朵正開得燦爛，加上綠意濃郁的淺山環繞，對於習慣高樓大廈的都會人來說，確實是理想的生活環境。從明治時代開始，就有菁英階層人士來此建造別墅，也吸引名氣響亮的文人們移居，像是川端康成、大佛次郎、小林秀雄等作家。

不知不覺就走回到鶴岡八幡宮附近，小路上有戶人家外牆是一段漫長的黑色板塀，圍繞著寬廣的庭園，是本名野尻清彥的作家大佛次郎（一八九七~一九七三年）生前經常

若宮大路幕府舊跡碑

若宮大路幕府舊跡附近黑色板塀外牆

招待友人的自宅（後來改為茶亭），茅葺屋頂的木造平房，已有百年歷史。大佛次郎和川端康成同輩，在日本名氣很大，以《鞍馬天狗》、《歸鄉》、《京都之戀》等作品深受讀者喜愛，是鎌倉文士的代表人物之一，日本有重要的文學獎即以「大佛次郎賞」為名。

一九六〇年代，高速發展的日本到處都在開發，這波浪潮也向鎌倉襲來，山丘被剷平作為住宅用地。其中有個大規模的住宅開發案，預計在埋存著豐富史跡的鶴岡八幡宮後山，一處名為「御谷」的地方進行，當地居民為了守護土地，在一九六四年發起抗爭，稱為「御谷騷動」，當時站在抗爭最前面的就是大佛次郎。這項市民自發性的運動不但擋下建商的開發，也促成日本的「古都保存法」制定，深切影響日本歷史建築的周遭景觀，鎌倉至今依然能保存現在的模樣，大佛次郎可說功不可沒。

舊大佛次郎茶室旁有一塊寫著「若宮大路幕府舊跡」石碑，是繼源賴朝的「大倉幕府」及第四代將軍藤原賴經（即九条三寅）的「宇津宮辻幕府」後，第三處作為將軍御所的地

大佛茶亭

文化財挖掘工地

方，於一二三六年遷移至此，將近百年的時間，這裡一直都是鎌倉幕府的政治中心，直到鎌倉被新田義貞攻破滅亡為止。附近一處空地正好在挖掘地底的文化財，這附近一帶的地面下，想必也同樣埋藏難以估計塵封數百年的古代文物或建築遺構，說不定哪一天又會有足以改寫歷史的考究發現出土。

從蜿蜒的小路穿出，眼前就是若宮大路和段葛。一棟優雅的白色四層樓建築，門口停放一輛優雅的英國古董計程車，非常醒目。建築物從最高處垂直而下帶著間隙的檜木線條，簡潔俐落的曲線，立面以鎌倉彫常見的雕鑿技法構成，越往上鑿痕越小，讓頂部與天空融合，是建築師隈研吾的巧思。

這棟建築是「英国アンティーク博物館」（英國古董博物館），展示館長土橋正臣多年來所收藏的英國骨董，每一層樓分別陳列著不同時代、不同主題的古董，例如福爾摩斯的房間，或是維多利亞時代。博物館於二〇二二年秋天開館，和其他博物館相比，規模或許顯得有些小巧，但無論建築物本身或是收藏品都有可觀之處。

英國古董博物館

英國骨董博物館 BAM 鎌倉

🕓 10:00 ～ 17:00

¥ 1,300 日圓、國高中生 1,000 日圓、小學生 500 日圓

🚉 JR、江ノ電「鎌倉駅」徒步 7 分鐘

📍 鎌倉市雪ノ下 1-11-4-1

英勝寺

從川喜多電影記念館前的小路往西直行，沒多久就會看到ＪＲ橫須賀線的鐵軌，一經過平交道，再往北走約百公尺，隨即就能抵達鎌倉現在唯一的尼寺「英勝寺」，也是鎌倉被登錄日本遺產中，唯一在江戶時代創建的寺院。

歷經鎌倉、室町幕府及戰國時代，德川家康平定天下，開創江戶幕府。德川家康死後，他的側室阿勝出家為尼，第三代將軍德川家光賜予她位在鎌倉扇谷的土地，於一六三六年創建佛寺，並以阿勝的院號「英勝院」命名。

阿勝是鎌倉出生的名將太田道灌第四代孫子康資的女兒，為御三家之一「水戶藩」初代藩主德川賴房的養母，第一代庵主

写真提供：
鎌倉市観光協会

英勝寺境內

山門

英勝寺竹林

（尼寺住持）即由德川賴房的女兒小良姬（清因尼）出任，之後也都由水戶德川家的公主擔任庵主一職，因此英勝寺備受水戶德川家庇蔭，也被稱為「水戶御殿」。英勝寺座落的位置，據說正好就是十五世紀中期太田道灌當時的宅邸遺跡。

境內氣派的二重山門，雕刻精美，屋瓦有德川家專屬的「三葉葵」家紋，連同佛殿、鐘樓、祠堂、祠堂門，都完整保存著落成當時的模樣，看著這些建築，我腦海中對於江戶時代的想像，倏然變得鮮明且具體了起來，置身其間，彷彿穿越時空，回到四百年前。這些珍貴的建築，也全數都被列為日本的重要文化財。

英勝寺緊鄰源氏山，越往裡面地勢越高，沿著山壁開鑿出洞窟石穴，是多山的鎌倉寺院常見的風情，後方有一條散步道穿過一片孟宗竹林，規模雖沒有報國寺大，但來訪的觀光客不多，顯得無比清幽，在此閒適緩步，頗有遠離塵囂之趣，是這座尼寺的一大勝景。

英勝寺

🕓 9:00～16:00

㊡ 星期四

¥ 成人 300 日圓、高中生 200 日圓、中學以下 100 日圓

🚃 JR、江ノ電「鎌倉駅」徒步 15 分鐘

📍 鎌倉市扇ガ谷 1-16-3

🌐 houkokuji.or.jp/

錢洗弁財天宇賀福神社

銭洗弁財天宇賀福神社

在日本敬老之日三連休假期的最後一天，清晨從ＪＲ鎌倉駅出站，想先到鶴岡八幡宮參拜，於是走近道小町通前往。平時總是人潮熙來攘的商店街，此時尚未被觀光客佔領，感覺有些不習慣，走了一小段空蕩蕩的街道，無意間看到一個寫著「錢洗辨財天徒步約二〇分」的指示牌，衡量自己腳程覺得可行，決定改變計畫，先去求財運。

這處鎌倉首屈一指能提升財運的「錢洗弁財天宇賀福神社」，是幾乎每一本鎌倉旅遊書都會介紹的熱門能量景點，所處位置雖然離車站較遠，每天依然吸引絡繹不絕的人潮前往參拜。

沿途經過寧靜的住宅區，兩旁大多是典型的鎌倉住宅，每戶人家的院子花木扶疏，街道乾淨整潔，居住環境令人羡慕。由於是知名景點，所以每

錢洗弁財天宇賀福神社

錢洗弁財天宇賀福神社入口鳥居.

隔一段距離就會看到指標，毋須頻繁地看著手機導航也不會迷路。

鎌倉果然是被群山環繞的一座城市，這段路走來比想像中還要來得辛苦，經過「佐助隧道」後，開始一連串的緩坡，加上太陽毫不留情地照射，沒多久後背已完全濕透，幾輛計程車陸續從我身旁呼嘯而過，車上乘客的裝扮一看就是觀光客，想必都是要前往和我同樣的地方，讓我不禁有些羨慕。

抵達前看到路旁有塊石頭寫著「錢洗辨財天道」，是一段陡峭的上坡，一鼓作氣往上走，總算看到神社鳥居。宇賀福神社位於佐助的山谷裡，鳥居後面就是山壁，有一條人工開鑿的隧道連通到裡面。一進入隧道，自然涼風吹拂，外面的熱氣被阻絕在外，方才步行時全身蓄積的熱氣瞬時消解。洞口外是二十餘座木造鳥居緊緊相連而成的參道，隱密的神社就深處這處被山脊包圍之地，傳說中的福神居住在此。

平安時代末期，時局動亂，到處都發生嚴重的飢荒，大量平民餓死，有虔誠信仰的源賴朝日夜向神佛祈禱，期望能拯救百姓。有一晚，夢裡出現一位人頭蛇身的老人，指引著在西北方有一處山谷，岩石湧出潔淨的泉水，今後要從這裡取水用來供養神佛，老人表示自己就是隱居在此的主人宇賀福神，說完就消失了。天明之後，源賴朝立刻招來御家人，依他的夢境尋找這處水源，果然順利找到，於是找來石匠開鑿洞穴，在一一八五年建立神社祭祀宇賀福神，並每天從這裡汲水供養佛祖，世道果然逐漸變好。

至於洗錢會帶來好運，則是到了第五代執權北条時賴（一二二七～一二六三年）當家時，才逐漸形成的民間信仰。受到人民愛戴的北条時賴同樣非常尊崇宇賀福神，他還鼓勵人民來此參拜祈福，於是「用這裡的水清洗的錢會變成福錢，家中會繁榮，子孫也會平安」的說法逐漸傳開，人們開始紛紛仿效。

不過要讓身邊的錢財變成福錢，可是要遵循一定的參拜程序。從參道進來，要先在手水舍洗淨雙手，再到社務所購買線香和蠟燭，購買時會附上一個竹簍，等會兒洗錢時可以使用。由於蛇喜歡吃蛋，可以到境內的七福茶屋或弁天茶屋，購買生蛋當作供品，點燃線香和蠟燭後，再到洞窟內的奧宮參拜並奉上供品。

接著到本社、上之水神、下之水神、七福神社依序參拜，最

後再次回到奧宮。如果覺得這個過程太繁瑣，至少也一定要購買線香和蠟燭並到本社參拜，接著才可以進入最重要的洗錢儀式。

洞窟湧出乾淨泉水，裡面擺放著信徒供奉多到難以計數的小鳥居和紙鶴，形成獨特的氛圍，這時可把想要洗的錢放在竹簍上，舀水清洗，除了硬幣，紙鈔也可以，只見參拜者無不笑容滿面，開心地合法「洗錢」，完成後再用紙巾或手帕仔細擦拭、放回錢包。

不過這些淨化過的福錢並不是要將它永遠留在身邊，反而是要「盡可能早點用掉」（なるべく早く使う），並且要用在有意義的地方，如此才能帶來好的循環、招來財運。

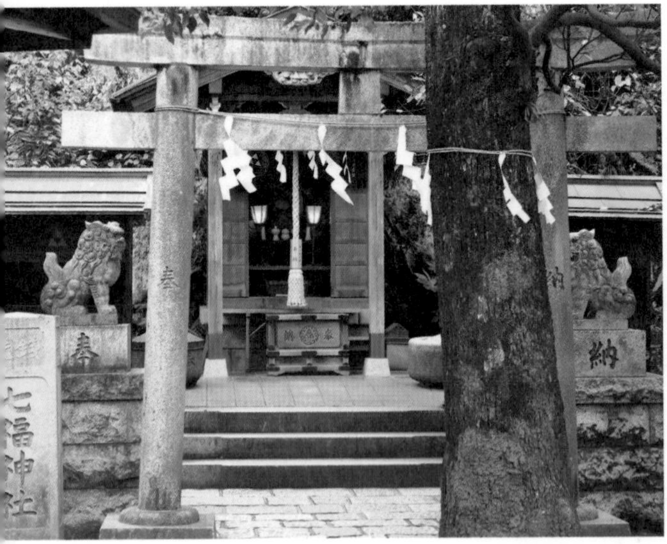

七福神社

用竹簍洗錢

求財運前務必購買線香和蠟燭

錢洗弁財天宇賀福神社

🕓 8:00～16:30

🚉 JR、江ノ電「鎌倉駅」西口徒步 25 分鐘

📍 鎌倉市佐助 2-25-16

佐助稻荷神社

佐助稲荷神社

一處閑靜住宅區道路的終點，隱藏著庇佑源賴朝出人頭地的超級能量景點「佐助稻荷神社」，距離以洗錢而聞名的宇賀福神社不遠，參拜者通常會一併前往。

參道上紅色鳥居林立，搭配飄揚的奉納旗，連綿不絕地順著山坡排列著，數量雖不若京都的伏見稻荷大社，卻已十分壯觀。鳥居前方有一座小小的下拜殿，體貼行動不便者，不用爬坡，在此參拜即可。山間樹林環繞，營造出靜寂幽玄的氣息，順著階梯往上，穿過數十座鳥居，隨即就能抵達拜殿。

佐助稲荷神社（写真提供：鎌倉市観光協会）

佐助稻荷神社的起源和宇賀福神社有些相似。相傳源賴朝被流放伊豆的蛭ヶ小島時，有一回生病，在病塌中連續三晚夢到鎌倉的一個世外隱村，有位自稱稻荷的白髮老翁，鼓勵源賴朝應舉兵討伐平家、統一天下。幾年後，幕府順利開創，篤信神佛的源賴朝於是指派御家人畠山重忠，找出了夢中隱密村莊裡的小神社，源賴朝為了感謝神明，下令重建社殿。

後來源賴朝被朝廷冊封為征夷大將軍，成為日本武士之首，夢境裡神明的指引成真，因此這裡又有「出世稻荷」、「勝利稻荷」的別稱，是保佑出人頭地的最強能量場所，吸引很多藝人及經營者前來參拜。

佐助稲荷神社鳥居
（写真提供：鎌倉市観光協会）

面向拜殿右手邊不遠處有一處「靈狐泉」，泉水不斷湧出，潤澤山麓田野，可以在此汲水攜回。往左邊走，從鎌倉時代留傳下來古稻荷群小祠堂林立，歷經數百年歲月，大多已被鮮綠苔癬包覆，信眾奉納的白色狐狸陶器整齊排列著，數量非常可觀，也成為這座神社最鮮明的特色。

佐助稲荷神社

JR、江ノ電「鎌倉駅」西口徒步 20 分鐘

鎌倉市佐助 2-22-12

sasukeinari.jp/

鎌倉歷史文化交流館

前往錢洗弁財天宇賀福神社時，經過一處漂亮的現代建築，是二〇一七年開館的「鎌倉歷史文化交流館」，在返回鎌倉車站途中順道入內見學。

原本是一處私人住宅，經由英國建築師 Norman Foster 設計改造，搖身一變，成為介紹鎌倉從古代到近現代歷史發展的文化場域。

明亮的入口大廳展示四幅英姿勃發的流鏑馬照片，搭配一對名刀匠山村綱廣鍛造的刀劍，以及現代甲冑師重現畠山重忠作戰時穿著的赤糸縅大鎧，鮮明地營造出武士之都的意象。

四個展示室空間不算太大，井然有序地將發生在鎌倉這塊土地的歷史事件與出土文物重點呈現。1號的「通史展示室」，從遠古跨入

鎌倉歷史文化交流館

古代的七三三年開始，選出十個影響鎌倉至鉅的重要事件，搭配圖文說明和文物，可以引領參觀者快速理解鎌倉何以成為現在的鎌倉。這裡還可以看到鎌倉幕府正史《吾妻鏡》，以及北条泰時制定的《御成敗式目》，瞬間就讓人融入《鎌倉殿的13人》的世界裡。北条泰時是北条義時的長子，人格高尚、體恤人民，執政期間採行合議制，是幕府最安定的一段時期。他將武士重視的道理，以及源賴朝過去的判決先例化成文字規範，公布《御成敗式目》五十一條法令，從此武士間的裁判都有一套明確的基準，這部《御成敗式目》也成為影響之後數百年的武家法令。

中世展示室

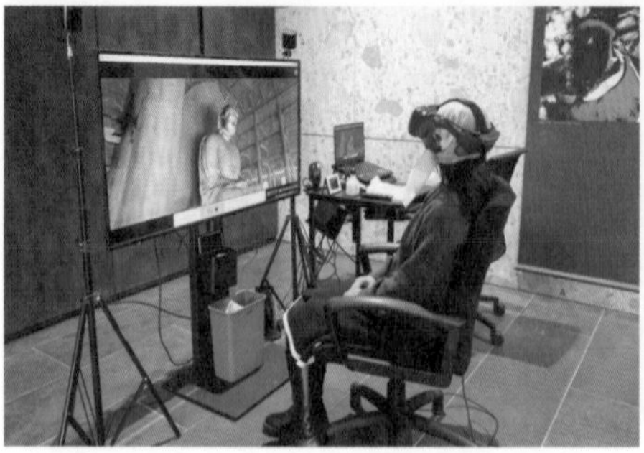

鎌倉歷史文化交流館 VR 體驗

通史展示室

大佛殿重現 CG（© 湘南工科大學長澤研究室製作）

永福寺重現 CG（© 湘南工科大學長澤研究室製作）

2號的「中世展示室」，從永福寺跡的出土品開始，陳列眾多從各個遺跡挖掘出來的文物，當中不乏能表彰身分的舶來品青磁器具。中世紀鎌倉也可說是一座宗教都市，像是五輪塔、銅製佛像、水晶寶珠等文物，反映出當時人民虔誠的信仰。

鎌倉有許多歷史建築毀於火災及地震，如今只留下遺跡或是遺構。在鎌倉歷史文化交流館內，以VR技術重現當時「鎌倉大佛殿」、「永福寺」、「北条義時法華堂」復原的模樣，參觀者可以透過VR眼鏡，穿越時空，感受這些鎌倉時代建物的過往輝煌。

鎌倉歷史文化交流館

10:00 ～ 16:00

㊡ 星期日、國定假日、年末年始

¥ 大人 400 日圓、中小學生 150 日圓

JR、江ノ電「鎌倉駅」西口徒步 7 分鐘

鎌倉市佐助 2-25-16

www.city.kamakura.kanagawa.jp/rekibun/koryukan.html

山茶花文具店攝影地巡禮

《ツバキ文具店》（山茶花文具店）是一本洋溢著溫暖人情的小說，作者小川糸寫這本書的時候住在鎌倉，以在地人的角度和女性細膩的心思，款款描繪出鎌倉的景物和市街風情。有讀者在看完這本書後誤以為真，來到JR鎌倉車站的旅遊案內所，詢問這間山茶花文具店在哪裡？也有讀者把它當成一本旅遊書，按圖索驥尋訪書中場景。NHK製播的日劇在鎌倉實地拍攝，文字描述的場景變成實際畫面，看完之後讓人更想前往探訪了。

⛩ 八雲神社

小說版的山茶花文具店位於二階堂附近，一處靠近永福寺遺跡的住宅，日劇則選在距離鎌倉車站較近的八雲神社旁的小巷內。

八雲神社是鎌倉市內最古老的除厄神社，據傳是

八雲神社旁通往文具店的巷口

八雲神社

新羅三郎義光（源義光）從京都祇園社迎請祭神分靈而來，建於永保年間（一〇八一～一〇八三年）。神社不大，不過一整排寫著除厄祈願的鮮紅旗幟、石製鳥居下方的注連繩，以及境內茂盛的樹木，還是讓人留下深刻的印象。

參拜後走到外面，通往文具店的巷口其實並沒有紅色郵筒，巷子內也沒有懷舊感十足的「山茶花文具店」和芭芭拉夫人的洋式住家，因為都是劇組在攝影棚搭建的虛構建築。不過八雲神社旁的這個角落在日劇裡實在出現過太多次，親臨現場，彷彿真的會在路口遇到從家中走出來準備寄信的雨宮鳩子（多部未華子）。巷口旁的「大町會館」在第一集的開頭也出現過，是辦理鳩子外婆告別式的場地。

八雲神社

🕓 8:30 ～ 16:30

🚆 JR「鎌倉駅」東口徒步 8 分鐘

📍 鎌倉市大町 1-11-22

相隔八年回到鎌倉的雨宮鳩子，除了忘年之交芭芭拉夫人，最常互動的鄰居就是魚福夫婦。兩人經營的鮮魚店，位於本覺寺山門對面八雲神社指示牌下的「魚七商店」，不過實際上已經永久停業。

本覺寺 本覚寺

魚七商店對面的「本覺寺」建於一四三六年，是日蓮宗的佛寺。源賴朝曾在此地創建「夷堂」，作為鎮守御所（幕府）裏鬼門的守護神，前方建有「夷堂橋」跨越滑川。夷堂在鎌倉幕府滅亡時燒毀，遺跡後來改建為現在的本覺寺，境內有「夷尊堂」，供奉「夷神」（即惠比壽神），是鎌倉・江之島七福神之一，以保佑生意興隆最為有名，波波和芭芭拉夫人、男爵、胖蒂在新春的七福神巡禮曾來此參拜祈福。

本覺寺本堂

本覺寺夷尊堂

本覺寺山門對面的魚七商店

本覺寺

寺事務所 9:00～16:00

JR「鎌倉駅」東口徒步 5 分鐘

鎌倉市小町 1-12-12

妙本寺

在日劇《山茶花文具店》第二集，雨宮鳩子與神秘的男爵擦身而過的地方，是「妙本寺」的總門，距離八雲神社步行時間約三分鐘。

提到這座寺院，熟悉鎌倉時代歷史的當地人，腦海會立刻浮現比企一族。妙本寺的所在地正是《鎌倉殿的13人》成員之一的比企能員宅邸舊跡，北条政子曾經借用此處作為產室，順利生下嫡長子源賴家。

源賴家出生後，源賴朝選定自己的乳娘比企尼兒子之妻，作為兒子的乳娘。賴家長大後，娶了比企能員的女兒並生下一子（一幡），有了這層姻親關係，比企家的聲勢也逐漸凌駕北条家。建仁三年（一二〇三年）第二代將軍源賴家罹患重病，下一任將軍該由誰繼任的問題浮上檯面，比企家當然希望是與自己血緣親近的一幡繼位，北条家則支持賴家的弟弟千幡（即後來的源實朝），雙方產生嚴重的對立，抄家滅族式的血腥衝突最終還是浮上檯面。

妙本寺（写真提供：鎌倉市観光協会）

根據《吾妻鏡》描述，比企能員被邀請前往北条時政的宅邸，在毫無防備的情況下慘遭殺害，與北条家親近畠山重忠、三浦義村、和田義盛率兵攻打比企府邸，比企能員的兒子帶著家人奮力抵抗，最後在家放火，全家一夕滅亡，年僅六歲的一幡也死於這場大火之中。

唯一倖存的比企能員么子能本當時只有兩歲，長大後成為學者，回到鎌倉皈依日蓮上人，在父親比企能員的宅邸遺跡建立寺院，弔唁比企一族的亡靈，為妙本寺的由來。

妙本寺
寺事務所 10:00 ～ 16:00
JR「鎌倉駅」東口徒步 8 分鐘
鎌倉市大町 1-15-1

5

北鎌倉

半僧坊大權現
大平山
勝上けん展望台
相模灣見晴台
覺園寺
永福寺跡
源賴朝之墓

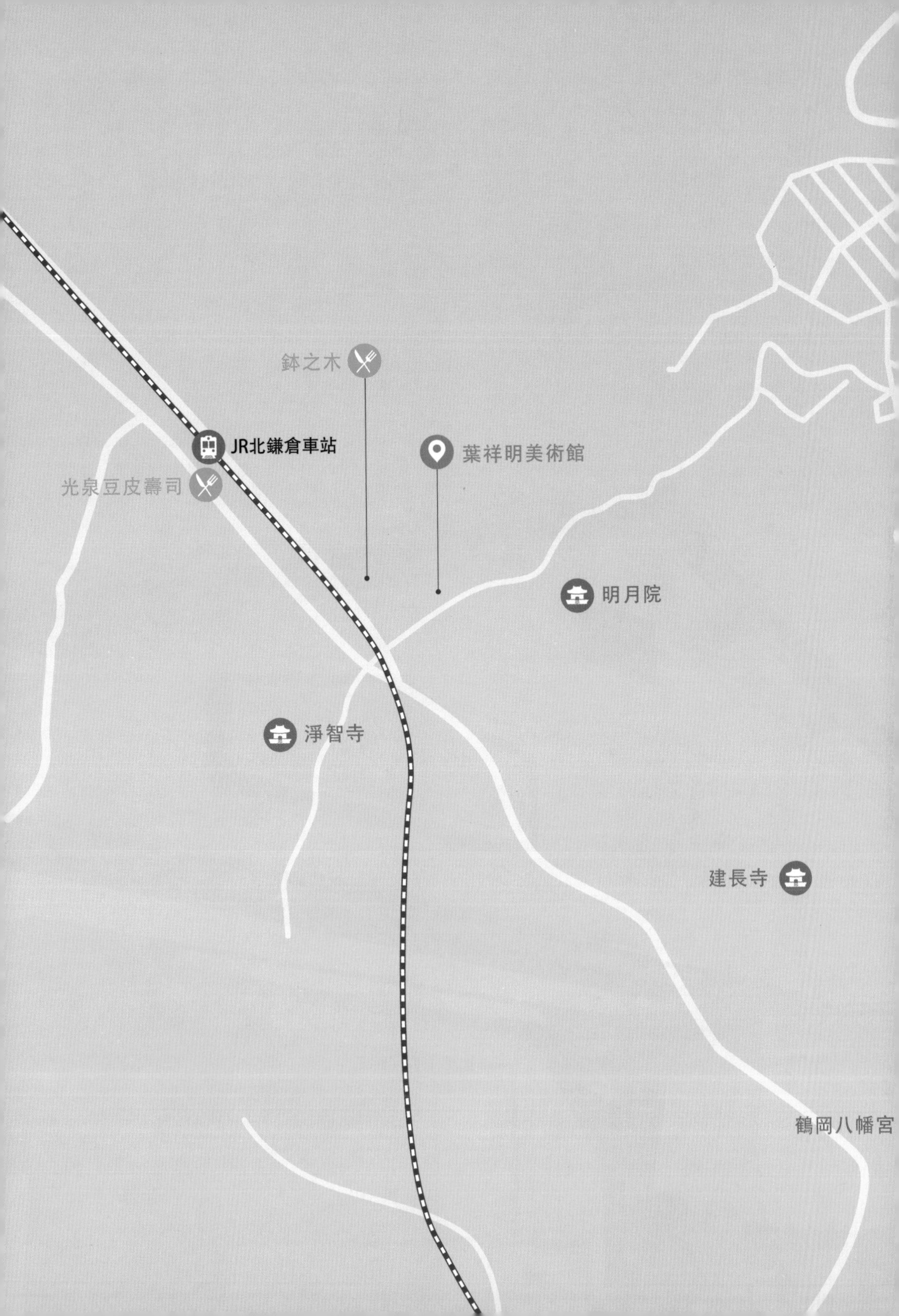
鉢之木
JR北鎌倉車站
葉祥明美術館
光泉豆皮壽司
明月院
淨智寺
建長寺
鶴岡八幡宮

從ＪＲ鎌倉車站搭乘橫須賀線，往北來到北鎌倉駅，和鎌倉雖僅只一站的距離，氣氛卻為之一變。

寧靜的北鎌倉到處都是寺院，沒有超市，便利商店也只有一間，當然更看不到小町通那般一年四季都混雜的旅遊人潮，比較沒有觀光地的氣息，不像超級巨星鎌倉那般閃閃發亮，但是對當地人來說，良好的生活環境，混合著古老與現代的日常，是最能感受真正在地鎌倉的「穴場」（註）。

可供長達十五節電車停靠的ＪＲ北鎌倉車站，筆直的月台，就闢建在綠色山崖環繞、僅有一百三十公尺的偪促平地上。平日早晨，在這一站下車的清一色都是要步行前往附近學校的高中生，跟隨學生的腳步從東口出站，往前直行不到五十公尺，就是名列鎌倉五山第二的「圓覺寺」。

（註）指一般人不太知道的好地方。

圓覺寺 円覚寺

圓覺寺的占地很大，其實從ＪＲ北鎌倉車站東口一踏出站外，就已經進入圓覺寺的範圍，ＪＲ東日本的軌道路線還借用寺地，穿越總門前的庭園而過，如果是從西口出站，先到庭園欣賞白鷺池，就必須經過平交道才能進入境內。

總門石階前立著兩個石碑，分別寫著「臨濟宗大本山円覚寺」與「北条時宗公御廟所」，是鎌倉幕府一處與北条家有著深厚關聯的大寺。

第三代將軍源實朝遇刺身亡後，鎌倉幕府完全進入北条家統治的時代。弘安五年（一二八二年），篤信禪宗的第八代執權北条時宗延請來自南宋的無學祖元禪師開山（註１）創建圓覺寺，以弘揚禪宗，同時做為國家的鎮護，並弔祭一二七四年及一二八一年蒙古兩度來襲戰亂下的死者。

圓覺寺自創立以來，深受北条家、朝廷和幕府

圓覺寺

篤信，在鎌倉時代末期完成伽藍（註2）建築，之後數百年間遭遇火災、地震，創建當時的建築都已不復存在，現有建物均為再建。江戶時代末期，大用國師修復了三門、僧堂等，奠定現在的基礎，並以創建當時的七堂伽藍形式傳承下來。

從總門進來，隨即可以看到伽藍建築順著坡地延伸而上。首先映入眼前的是三門（又做「山門」），象徵三解脫（空、無相、無願），是消除諸煩惱、通往涅槃、解脫世界的佛殿之門。巨大的三門散發堂皇之氣，十二根圓柱撐起兩層厚重的屋頂，沒有繁複的雕刻裝飾，能感受到禪寺特有的穩重氣息。

佛殿位在三門後方，位處七堂伽藍的中心位置，佛殿供奉的本尊是寶冠釋迦如來，圓覺寺年度重要的儀式，以及每天早上的曉天坐禪會均在佛殿舉行。

進入明治時代，開始流行在家居士到圓覺寺坐禪，許多名人像是山岡鐵舟、鈴木大拙、夏目漱石、島崎藤村都曾來此修行，圓覺寺因此經常

佛殿

佛殿供俸本尊寶冠釋迦如來

山門

圓覺寺居士林

出現在眾多文人的作品中。最讓人印象深刻的，大概是曾作為舊版一千日圓紙鈔肖像的國民作家夏目漱石，以實際到圓覺寺「歸源院」參禪的經歷，寫成的小說《門》。

走進山門，左右兩旁是巨大的杉木高聳蔽日，因此道路忽然變得幽暗。接觸到那種陰森的氣氛時，宗助忽然醒悟紅塵世俗與寺中的區別。……他先筆直向前走。左右兩側與前方不斷有看似祠堂或寺院的建築出現。但是完全不見人影出入。悉數冷清地荒廢。

這座寺似乎是開闢在山腳的土地，往上深入一兩百公尺而建，後方被樹林高高遮蔽。路徑左右也受限於不知是山坡還是山丘的地勢，似乎並不平坦。不時在略微隆起的地方還有石階層層堆砌，出現寺廟常見的高大門樓。

宗助穿過兩三座這樣的門樓。也有幾處平地上有圍牆環繞。走近了一看，門瓦的下方都懸掛寫有院號或庵號的匾額。

夏目漱石用寫實的文學筆法，描寫主角宗助初入圓覺寺境內所見之景物，並結合親身參禪的體驗，寫下宗助和年輕親切的和尚宜道互動，以及心虛地面對老師的禪宗公案答辯，這段痛苦打坐修行的思考過程。老師以「父母未生以前的本來面目」為題（公案），

佛日庵內部

佛日庵

請宗助思考。

他（宗助）在思考。但是思考的方向，以及思考的問題實質，都模糊得無從捕捉。他一邊思考，一邊懷疑自己是否做出了非常糊塗的舉動。他感到自己現在的行為，比起要去救火的前一刻才臨時取出詳細的地圖查閱街道名稱與門牌號碼，更加荒謬離奇。

為了拯救現在這個不安、不定、脆弱無比的自己，而特地請假來此坐禪修行的宗助，終究還是因為定見而無法頓悟，宗助最後「走出十天前走進的山門，壓在屋瓦上的蒼鬱杉樹封鎖了寒冬，黑壓壓地矗立在他的身後」，暗喻自己是個只能在門外待然佇立，等待天黑的人。宗助這個角色其實就如同作者夏目漱石本人，因為患有神經衰弱的症狀而來此參禪，卻還是無法找到答案，只能抱著遺憾離去。

圓覺寺也出現在川端康成的作品《千羽鶴》中。

菊治走進鎌倉圓覺寺境內，仍猶豫要不要去參加茶會。已經遲到了。每當栗本千花子在圓覺寺後方的茶室舉行茶會，菊治都會收到邀請函，但自從父親過世後，從未來過……

兩位小姐從他後面匆忙趕來。菊治止步讓路，並開口問：「栗本女士的茶會，是這條路往後走嗎？」「是的。」兩位小姐同時回答。明明不用問也知道，況且從她們的和服也看得出兩人走在前往茶會的路上，菊治是為了讓自己下定決心去茶會才問的。

其中一位拿著布包的小姐非常漂亮，那是繪有白色千羽鶴的桃紅縐綢包袱巾。

川端康成所描寫的地方，就是佛日庵內的茶室「烟足軒」。

在大佛次郎的著作《歸鄉》裡，也同樣以佛日庵為舞台，生動描繪出花瓣厚實的木蓮花、如同明亮海邊無數聚集貝殼般輕盈清爽的櫻花，在夕陽下閃閃發亮的模樣，這處佛日庵正是祭祀圓覺寺開基者北条時宗的御廟。

離開佛日庵，走往附近的「舍利殿」，從太平寺佛殿移築而來的建築優美，裡面供奉著鎌倉幕府第三代將軍源實朝從南宋能仁寺迎請來的佛牙舍利，是鎌倉市內唯一被指定為國寶的建造物，可惜並非常時開放，只能在門外遠觀遙拜。

在三門東側約一百四十階的陡峭石階上，有一座在一三〇一年經江之島弁財天加持鑄造而成的梵鐘，鎌倉幕府第九代執權北条貞時為了祈願國家安泰而奉納，高

舍利殿

二五九・五公分為東國最大，也是鎌倉時代最具代表性的梵鐘，已被列為國寶，北条貞時配合這座洪鐘，在一旁建造弁天堂，作為這座山的鎮守。

作家小泉八雲曾寫過一段關於這個國寶梵鐘的軼事。在室町幕府時代的文明十二年（一四八〇年），這座梵鐘曾自己響過，聽聞此事一笑置之的人都遭遇不幸，信者後來都非富即貴、願望成就。據說那時日本各地都出現一位巨人般僧侶的蹤跡，沒有人認識他，也不清楚他的來歷，巨人僧侶所到之處都會勸人前往圓覺寺的銅鐘前祈願，後來真相大白，這個高大的行腳僧是以出乎常人之力幻化成僧侶的梵鐘。因為這樣的傳聞，許多人都慕名來此祈願，而且有求必應。

國寶梵鐘

當地對於梵鐘的崇敬延續到現代。如今每隔六十年會舉行一次「洪鐘祭」（正式名稱為「洪鐘弁天大祭」），是圓覺寺和江島神社每逢庚子年的重要祭典，最近一次因疫情延推遲了三年，於二〇二三年十月二十九日展開，地方上的學校和居民無不熱情參與，期將這項從中世就開始的傳統祭祀傳承延續下去，遊行隊伍也吸引難以計數的民眾，前來觀賞一輩子最多不會超過二次的珍貴光景。

（註1）「開基」指的是向神佛發願並出資的人，「開山」則是開創佛寺的僧侶，因此圓覺寺的開基者為北条時宗。

（註2）禪宗寺院的七堂伽藍指山門、佛殿、法堂、僧堂、庫院、東司及浴室。

圓覺寺

- 3 月～ 11 月 8:30 ～ 16:30，12 月～ 2 月 8:30 ～ 16:00
- 大人 500 日圓、中小學生 200 日圓
- JR「北鎌倉駅」東口徒步 1 分鐘
- 鎌倉市山ノ内 409
- www.engakuji.or.jp/

葉祥明美術館

離開圓覺寺走在JR橫須賀線軌道旁的小路，一列剛離站要開往鎌倉、逗子方向的電車，從身旁呼嘯而過。轉進明月院通り，通往明月院的寧靜小徑充滿綠意，一側是樹林覆蓋的低矮山丘，左手邊接連幾戶和式民宅，突然出現一棟歐風別墅，庭園黑色的鏤空雕花鐵門敞開著，像是招手歡迎往來的人們到裡面走走，這裡就是如同一本美麗繪本的「葉祥明美術館」。

名字很像台灣人的繪本作家葉祥明，本名葉山祥明，一九四六年出生於九州熊本縣。大學時代來到東京就讀立教大學時，接觸到與他同世代的繪本作家谷內鋼太（一九四七～二〇一九年）的作品，讓原本就以時尚插畫為志向的葉祥明大開眼界，下定決心也要成為繪本作家。葉祥明於一九七三年以繪本《我在長椅上的白色小鳥》正式出道，展開創作生涯，並在一九九〇年以繪本《風和冰雹》，獲得義大利「波隆納國際兒童書展」原畫獎，作品豐富，至今依然創作不輟。

第一次看到葉祥明的作品時，就深深被畫中清澄純潔的世

葉祥明美術館

小白狗 Jake

界所吸引，是一種能讓心情感到無比安定的色彩。擅長以天空、海洋及草原等大自然明亮且漸層豐富的藍色、綠色為背景，搭配簡單俐落的構圖，在延伸的水平線上描繪一棟平房或樹木，散發平靜的氣息，讓人心嚮往之。

館內一樓有個賣店，布簾後面是付費的展區，展示葉祥明的油畫、水彩原畫、設計手稿，以及歷年出版的繪本作品。採光明亮的二樓有幾個不同主題的房間，搭配葉祥明的畫作與溫暖且富有深度的文字，讓整棟建築就猶如一本繪本作品，欣賞完後得到滿滿的元氣與感動。

看完展覽，越發覺得賣店裡的商品有吸引力，離開前買了經常出現在葉祥明作品裡小白狗Jake的周邊商品與明信片，將這份美好帶回珍藏。

館內一景

館內一景

葉祥明美術館

- 10:00 ～ 17:00
- 大人 600 日圓、中小學生 300 日圓
- JR「北鎌倉駅」東口徒步 7 分鐘
- 鎌倉市山ノ内 318-4
- www.yohshomei.com/

明月院

象徵鎌倉夏季即將到來的風情畫，是盛開的紫陽花。每年五月下旬，境內種植數千株紫陽花的「明月院」開始迎來花季，綻放的花朵將寺院染上美麗的「明月院藍」，吸引難以計數的觀光客前來朝聖，明月院也因此被稱為「あじさい寺」（紫陽花寺）。

明月院與北条家也有著深刻的關聯。鎌倉幕府第五代執權北条時賴因病引退，建立「最明寺」（位於現在明月寺的西北側），並在三十歲時出家，不過時賴死後，最明寺也跟著荒廢，後來第八代執權北条時宗（北条時賴之子）在最明寺的遺址上創建「禪興寺」，開山法師是蘭溪道隆（一二一三～一二七八年）。

鎌倉時代結束、進入室町幕府時代，一三八〇年關東管領上杉憲方收到鎌倉府長官（即「鎌倉公方」）之命振興禪興寺，於是擴大寺院規模並建立塔頭（禪宗寺院的小寺院或別坊），一度讓禪興寺

明月院

頓悟之窗 - 夏

成為關東十剎之首。進入明治時代，在廢佛毀釋的浪潮下，禪興寺也難逃廢寺命運，僅剩塔頭之一的明月院留存下來。

從正門進來，往左邊走是北条時賴的墓所，不過更多人感興趣的是通往中門前參道兩旁的淡藍色的紫陽花，有多本與鎌倉相關的旅遊書或雜誌都以此美景做為封面，也成了明月院的象徵。這種帶著淡淡水藍色的花朵顯得清雅寂寥，是原產於日本的品種「姬紫陽花」，由日本植物學之父牧野富太郎博士命名。

中門內有一座以白沙和石頭表現山水風景的枯山水庭園，正對著一棟寫著「方丈」的建築，是明月院的「本堂」，本尊是聖觀世音菩薩。不過參拜者都聚集到一旁，排著長長的隊伍，都是為了要拍攝「悟りの窓」（頓悟之窗）的景色。本堂右側房間內有個圓形窗戶，窗外是平常未公開的後

明月院後庭園

枯山水庭園

開山堂

花菖蒲園

庭園，無論是初夏的新綠、深秋的紅葉、嚴冬的白雪，四季的表情或有不同，但都猶如一幅渾然天成的畫作，也難怪大家都甘願乖乖排隊等候，只為了拍下這難得一見的絕美景致。

明月院境內還有鎌倉規模最大的「やぐら」，也就是開鑿岩壁而成的洞穴，是鎌倉特有的中世紀橫穴式墳墓，在多山且缺乏平地的鎌倉，挖掘斷崖山壁來作為墓室，是很常見也合乎常理的土地利用方式。鎌倉的山以「鎌倉岩」為主，屬於凝灰質砂岩，砂質混合火山灰與輕石，水分含量較多，比其他類型的岩石略為柔軟，比較容易開鑿或是細部加工。

在稱為玄室的方形空間內，中央擺設佛像或供養塔，內壁加以雕刻裝飾，信仰虔誠的武士們會在此進行祭祀供養的儀式。明月院やぐら據說是上杉憲方的墳墓，裡面安置寶篋印塔，壁面的浮雕是釋迦如來與多寶如來，也刻有十六羅漢，又稱為「羅漢洞」。

頓悟之窗 - 秋

明月院やぐら

明月院

- 9:00 ～ 16:00
- 大人 500 日圓、中小學生 300 日圓
- JR「北鎌倉駅」東口徒步 10 分鐘
- 鎌倉市山ノ内 189

淨智寺

浄智寺

在電影《鎌倉物語》的開場，度完蜜月旅行的一色正和，開著骨董車載著新婚妻子亞紀子，行經湘南海岸、鎌倉高校前平交道、高德院，抵達家門前的上坡路段旁驚鴻一瞥的石階和山門，就是「淨智寺」。

鎌倉五山第四位的淨智寺位在明月院的相對側，跨過JR橫須賀線的鐵軌後，一下子就能抵達。山門（總門）夾在樹林間隱約可見，不似其他寺院那般氣派凜然，淨智寺的山門造型有些與眾不同並饒富趣味，加上外面沒有圍牆，格外顯得平易近人，門匾「寶所在近」四個大字，出自圓覺寺開山禪師無學祖元之筆。

住在北鎌倉的作家安西篤子在書中提到，有別於鶴岡八幡宮和長谷大佛，原本悄然孤立在市街上的淨智寺，近來魅力逐漸傳播開來，來訪的

淨智寺山門

本堂三世佛坐像

鐘樓門

觀光客紛至沓來，影劇也紛紛來此取景。變得受歡迎的理由，我想應該是安然容於自然之中的古樸氣息吧。

位在錯落石階上方的是鎌倉少見的唐式鐘樓門，也兼做山門。從鐘樓門進入，偌大的境內僅有本堂曇華殿和書院兩棟建築，顯得有些落寞，也讓我不免感到有些疑惑，因為對比鎌倉五山第四位的響亮名號，境內顯得有些簡潔。

我查了資料，才知道淨智寺也是臨濟宗圓覺寺派的禪宗寺院，於一二八一年開山，創建當時有眾多從中國渡海而來的僧侶，不但七堂伽藍齊備，最盛時期境內還有十一個塔頭寺院，規模僅次於建長寺、圓覺寺、壽福寺，是非常興旺的大寺。

然而隨著鎌倉的式微，寺院逐漸荒廢，加上關東大地震無情的摧殘，讓淨智寺遭受重大損害。經過一段苦澀的復興重建期，現在全境都被指定為史蹟，留下總門、鐘樓、佛殿和書院，規模雖不復當時風采，卻依然保留著往昔的景色，如同鐘樓門匾額所寫的「山居幽勝」，傳神地將淨智寺的風景傳達出來。

寺內深處同樣也有鑿開鎌倉岩而成的やぐら。其中一個窟內矗立著一尊布袋像，幽默逗趣的姿態、臉上綻放著溫暖的笑容，是鎌倉・江之島七福神之一，吸引著想要完成七福神巡禮的人們前來參拜。

不知是不是對這裡的環境情有獨鍾，小津安二郎的舊居就位在淨智寺旁銀杏大道內側寧靜的樹林內，走路到ＪＲ北鎌倉站大約十分鐘，再搭電車前往位於大船的「松竹大船攝影所」拍片。也許是這樣的生活經驗，小津導演的電影裡經常可見火車通勤的情節，《麥秋》也有一幕紀子（原節子）在增建屋頂前的北鎌倉驛月台等車，準備前往公司上班的畫面。

車站西口前的稻荷壽司老舖「光泉」是大導演的愛店，經常買到片場跟大家分享，在《山茶花文具店》中，鳩子一行人也帶著豆皮壽司，作為七福神巡禮時的午餐。

稻荷壽司老舖光泉

布袋尊

光泉

- 10:00～14:30（售完會提前結束）
- ㊡ 星期二
- JR「北鎌倉駅」西口旁
- 鎌倉市山ノ内 501

淨智寺

- 9:00～16:30
- ¥ 大人 200 日圓、中小學生 100 日圓
- JR「北鎌倉駅」西口徒步 8 分鐘
- 鎌倉市山ノ内 1402
- jochiji.com/

鉢之木

鉢の木

「鉢之木」位於淨智寺附近，是一間高雅的和食餐廳。主廚依照四季遞嬗，利用當季食材做成一道道美味的料理，是鎌倉當地名人經常造訪，或是用來招待重要客人的料理店。

二樓的和室空間最是優雅，窗外綠意環繞。有一回來此聚餐，店主在和室的壁龕擺放與當下季節和聚會相襯的裝飾及掛軸，展現高級日本料理店才有的流儀，搭配擺盤精緻的美味餐點，是難忘的用餐經驗。

鉢之木

鉢之木

⏲ 11:30 ～ 13:30、17:00 ～ 21:30

㊡ 星期四

🚉 JR「北鎌倉駅」西口徒步 4 分鐘

📍 鎌倉市山ノ内 350

🌐 www.hachinoki.co.jp/

專欄 けんちん汁

發祥自鎌倉的「けんちん汁」，是一道已經傳承七百年的精進料理。有一說是源自鎌倉建長寺的「建長汁」，食材先用油炒過，再以昆布和椎茸熬煮湯底。食材之一的豆腐會先打碎後再煮，相傳是建長寺的初代住持有一次不小心將豆腐掉到地上，隨即將支離破碎的豆腐撿拾起來，為了告誡大家不要浪費食物，於是洗乾淨後放入湯中，不規則狀的豆腐也成了這道料理的一大特徵。けんちん汁經由在建長寺修業的僧侶被派到全國各地而逐漸傳開，是非常道地的鎌倉鄉土料理，且不使用任何動物食材，適合素食者。

建長寺

「建長寺」距離車站較遠，從ＪＲ北鎌倉站西口出站後，沿著主要（也是唯一）道路，往鎌倉的方向前進。雖說是主要道路，其實雙向僅各有一個車道，非常侷促，所幸還是為行人保留了平整的人行道，順著直走約十五分鐘後，遠方氣派的木造外門就是建長寺的「天下門」，取自「天下禪林」的門匾。八點半一到，僧侶準時打開「總門」，我幸運成為當天入寺的第一人。

總門內一條櫻花樹夾道的石坂路通往壯觀的三門，門匾寫著「建長興國禪寺」，是建長寺正式的寺號。三門是建長寺最具代表性的建築物，與後方的佛殿、法堂（講堂）、方丈連成一直線，以當時宋國五山第一的萬壽寺為藍本設計，幾乎完全複製中國式樣，作為幕府展現權力的象徵。

鎌倉時代禪宗鼎盛，為了以禪興國，一二五三年鎌倉幕府的第五代執權北条時頼，從宋國請來高僧蘭

建長寺三門　建長寺（写真提供：鎌倉市観光協会）

佛殿供奉地藏菩薩

佛殿與柏槙

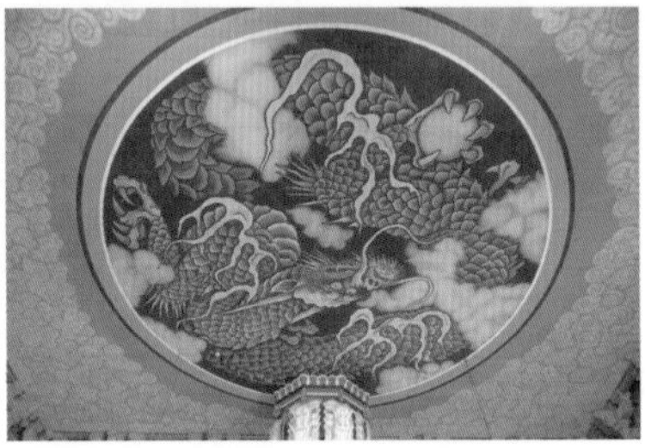
法堂天井的雲龍圖

溪道隆開山創立。蘭溪道隆從宋國帶來嚴格的禪風，曾指導超過一千位修行僧，並親筆寫下《法語規則》指導書，已成為日本的國寶，他從中國帶來的許多文化更對日本產生深遠的影響。

在當時的日本，通常一間佛寺內可以修行臨濟宗、真言宗或淨土宗等數個宗派，建長寺首創時代之先，專研臨濟宗，是日本第一座「禪的專門道場」。小小的鎌倉有超過一百一十間寺院，其中有三分之一都是臨濟宗，建長寺無疑是當中禪寺的聖地。

通常禪宗佛殿的本尊是釋迦如來，建長寺卻很罕見地是供奉地藏菩薩，這尊木造佛像完成於室町時代，高二百四十公分，非常壯觀。這尊宋國式樣的地藏菩薩座像右手持錫杖、左手掌上放著除厄的寶珠，法衣垂下，以慈悲溫柔的眼神，關照眾生，雕像原本的金箔和漆料幾乎都已剝落，更顯古樸與時代感。佛殿前有一棵茂盛的巨大柏槙，推定樹齡大約七百七十年，相傳為蘭溪道隆從中國帶來的種子，於創建當時手植。

一早入寺比什麼都好，參拜者極少，得以在清靜的佛殿法堂虔心祈願。建長寺的法堂為關東最大法堂，曾留下三八八位僧侶全員集合在裡面，聆聽住持說法的記錄。法堂供奉的本尊是千手觀世音菩薩，天井有一幅壯觀的「雲龍圖」，是為了紀念建長寺創建七五〇年所繪製，與京都建仁寺的「雙龍圖」，同樣都是名畫家小泉淳作（一九二四～二〇一二年）手繪的傑作，抬頭仰望，非常震撼。值得一提的是，建仁寺是在一二〇二年，由二代將軍源頼家寄付寺域並請榮西禪師開山而創建。

方丈前的唐門有著弧線優美的向唐破風，是十六世紀後半日本屋頂常見的建築樣式，門板的金色塗漆耀眼絢爛。一路從總門走到方丈庭園，越發覺得似曾相識，甚至讓我一度有置身圓覺寺的錯覺，因為伽藍的配置完全相同，都是具有縱深且層次分明的宋國樣式的禪宗寺院，兼有綠樹成蔭，環境清幽，也難怪我會這樣的感覺。來過鎌倉不下十次，直到最後一次才來到鎌倉五山第一的建長寺，但這並非不好的安排，我反而感到有些慶幸，正好可以此做為鎌倉禪宗寺院巡禮的總結。

沿著建長寺總門前的馬路往南走，經過將古代「鎌倉七切通」(註)之一舊「巨福呂坂切通」旁道路拓寬而成的洞門，大約十分鐘的步行時間，即能抵達鶴岡八幡宮。

唐門

天下門

專欄1　眺望鳩子看到的美景

在小說《山茶花文具店》中，鳩子等人的新年七福神巡禮，第一站前往淨智寺布袋尊後，接著就來到建長寺，要從後方上山，循著天園健行步道，一路走到寶戒寺，因為這段情節，我才得知原來鎌倉有這條步道。這一條是當地熱門的登山健行路線，可以前往標高一百五十九公尺、有「鎌倉阿爾卑斯」（鎌倉アルプス）之稱的鎌倉最高峰「大平山」。

「只不過，光是走到健行步道入口，就已經是艱鉅的任務。這座山不愧是鎌倉五山之冠，而且建長寺很大，無論怎麼走，都走不到看起來像是入口的地方」，平時只做代筆業務，缺乏運動的鳩子好不容易走到境內最深處時，已經汗流浹背，「而且最後還有高難度的險關，緊貼著懸崖的階梯且一眼望不到盡頭」，讓鳩子一度感到絕望，暗自盤算著走回北鎌倉車站，搭JR橫須賀線一站去鎌倉等他們還比較實際一點。

連綿不絕的階梯，上方是建長寺裏山的鎮守「半僧坊大權現」，抵達前石階兩旁十二尊天狗雕像威風凜凜地站立著，氣氛與建長寺截然不同，半僧坊對於家內安全、消災除厄、商運昌隆等非常靈驗。辛苦來到半僧坊是值得的，這裡有個「相模灣見晴台」，回望山下，建長寺的伽藍已經小得像是積木模型，這才詫異原來不知不覺已經走了這麼遠，

半僧坊前的天狗雕像

前方的海應該就是相模灣，另一邊有「富士見晴台」，顧名思義，是可以看到富士山的展望台。

從半僧坊旁再往上才是天園健行步道的入口，如果是從覺園寺那一側走過來，要在這裡購買建長寺的門票才能進入。我往上再走了一小段路，來到「勝上けん展望台」，標高一百四十五公尺，在這裡可以眺望整個鎌倉。這一天空氣清澄，難以言喻的透明感讓遠方景物一清二楚，位在六十公里外海上的「伊豆大島」清晰可見，往東望去，不但能看到橫濱港未來21的地標塔大樓和摩天輪，更令人驚喜的是，連東京的晴空塔和東京鐵塔亦盡收眼底。由於時間有限，我的健行之旅只得在此折返，不過能照著《山茶花文具店》的路線走上一段，鳥瞰到意想之外的景色，也足以讓我感到心滿意足了。

註：又稱鎌倉七口，包含極楽寺坂切通、大仏切通、化粧坂、亀ヶ谷坂、巨福呂坂、朝夷奈切通、名越切通，是古代鎌倉與外部連結的重要道路，部分切通仍維持原來的風貌。

從半僧坊前眺望建長寺

專欄2 坐禪體驗

「禪」源自古代印度梵語，指集中精神、不受外界干擾的狀態，傳至中國取其音譯翻為「禪那」，簡稱為禪，坐著修行禪那即稱為「坐禪」。在鎌倉時代，禪宗兩大宗派臨濟宗和曹洞宗自律、修心的教義深受武士的歡迎，在當時廣為流行。

建長寺於每週五、六兩天，定期舉行「坐禪會」，時間是一個小時，毋須額外付費即可參加。

閉上雙眼、盤坐在方丈的龍王殿，配合僧侶的講解，靜下心情、調整姿勢與呼吸。如同在電視上曾經看過的畫面，師父會拿著長條木板拍打坐禪者的肩膀，此為「警覺策勵」，並非懲罰之意，而是希望坐禪者能驅走睡意，專注在當下。

鎌倉市內幾所臨濟宗及曹洞宗的寺院，像是圓覺寺、報國寺、大船觀音寺等，都會定期舉辦坐禪會，在靜寂的空間坐禪，拋開日常的雜念、安頓身心，坐禪結束後會有充滿電的感覺。

坐禪會

建長寺

- 8:30～16:30
- 500日圓、中小學生200日圓
- JR「北鎌倉駅」西口徒步15分鐘
- 鎌倉市山ノ内8
- www.kenchoji.com/

6

江之電途中下車之旅

Kamakura

甘繩神明神社
鰻之岡村
高德院
ヨリドコロ
由比濱大通店
江之電
鎌倉站
珊瑚礁本店&PELE´S Juice & Bar
SLOVE
十割蕎麥麵
石渡源三郎商店
長谷寺
和田塚站
和田塚
極樂寺
極樂寺隧道
由比濱站
長谷站
極樂寺站
BREEZEBIRD CAFE
& BAKERY
つきやま
ヨリドコロ
鯛魚燒浪平
THE CIRCUS KMAKURA
稻村崎站
御靈神社
成就院
鎌倉海濱公園
稻村崎地區
稻村崎溫泉

藤澤站
石上
柳小路
鵠沼
新江之島水族館
湘南海岸公園
壽司政
湘南江之島站
龍口寺
江之島站
扇屋
片瀨江之島站
腰越站
鎌倉高校前站
七里濱站
江島神社
小動岬
滿福寺
江之島
山繆克金花園
モアナマカイ珊瑚礁
WEEKEND HOUSE ALLEY
江之島
中津宮
奥津宮
江之島岩屋

江之電鎌倉站

江ノ電鎌倉駅

鎌倉站由JR東日本與江ノ島電鉄（簡稱江之電）兩間鐵道公司共用，江之電位於西口，外觀同樣是尖塔造型，不過規模與東口相比小了一號。車站北側小廣場有一個造型可愛的鐘樓，來自第二代鎌倉車站拆除時特別保留下來的時鐘，如今已成為市民習慣的會面點。

相較於東口，西口這一側門面略顯侷促，刷卡進到站內，算是寬敞的穿堂通道筆直地通往月台。這樣的動線平時疏散乘客尚游刃有餘，不過一旦遇到連續假日或紫陽花開的旺季時，就會顯得左支右絀，看不到終點的人潮會一路排到站外，站內也會被萬頭攢動的觀光客擠到水洩不通，據江之電的人員表示，最高曾創下等了近三小時才搭到車的驚人紀錄。

和日本大手私鐵，如近鐵、東急、東武相比，全名「江ノ島電鉄株式會社」的江之電是一間規模很小的公司，經營的路線全長僅有十公里，在分類上屬於「地方鐵道」。

江之電鎌倉站

鎌倉站月台

江之電鎌倉站前廣場鐘樓

明治三十五年（一九〇二年）藤澤到片瀨（即現在的江ノ島站）間的路段通車，是日本第六個開業的電氣鐵道。第二次世界大戰期間，江之電曾經一度併入東京橫浜電鐵（即現在的東京急行電鐵），於昭和二十二年（一九四七年）脫離。一九四九年路線延伸至鎌倉車站西口，因此江之電真正的起點是藤澤，車站編號也從藤澤的EN01開始，直到鎌倉的EN15。

一九五三年，江之電加入小田急集團，目前是旗下的企業之一。現在看似風風光光，車廂總是被觀光客擠滿的江之電，其實在日本經濟起飛、私家車迅速普及的一九六〇年代，曾一度面臨被廢止的危機，那段期間旅客不但大幅減少，運量直直落，平交道也被認為擾民。慘澹經營多年，一九七六年一齣以鎌倉為舞台的青春連續劇《俺たちの朝》（我們的早晨）播出後獲得熱烈的回響，成為日後點燃江之電熱潮的火種，由於主角就住在極樂寺附近，旋即吸引大批年輕人搭乘江之電前來，到沿線極樂寺站等景點朝聖。

現在除了鐵道本業，江之電還經營公車、長程高速巴士、江之島展望燈塔、江之島電扶梯、公共自行車SHONAN PEDAL、物業販賣、不動產租賃等眾多事業，是一間歷史悠久但依然不斷在求新求變的企業。

江之電沿線共有十五座車站，單趟全程需三十七分鐘。由於只有一條鐵軌，且僅有四座車站有上下行路線和月台，另外再加上「峰ヶ原信號場」（位於鎌倉高校前與七里濱站之間），電車必須在這些地方待避，等候對向電車進站交會後才能發車，因此長谷站、稻村ヶ崎站、鵠沼站三座有上下行月台的車站，往藤澤和鎌倉的時刻表完全一樣，江之島站的上下行時刻表也僅相差一分鐘，是因應單線營運而不得不為的調度方式，班距則是很有規律的每十四分鐘一班車。

江之電鎌倉站內有一處近年才重新改裝的自營賣場「ことのいち鎌倉」，除了鎌倉定番的豐島屋「鳩サブレー」，也能買到種類豐富的江之電自家開發設計的商品，連同鎌倉、藤澤的當地特產都能在此一站購足，是很有人氣的賣場。江之電對於車站的設計也下了一番功夫，

沿著海岸線行駛的江之電

側牆的飾帶以傳統工藝鎌倉彫妝點，展現古都門面的優雅。月台旁軌道終點的止衝擋上，放置一對可愛的青蛙親子陶器，以青蛙的諧音，象徵並祈求「無事カエル」（平安回來）。

從鎌倉站出發，江之電會先在多山的區域一路往西行駛，列車離開稻村崎站後會逐漸靠近海岸線，在前往七里濱站的途中，從左側車窗往外望去，可以看到美麗的湘南海岸，其中又以鎌倉高校前站附近的路段海景最為遼闊。接下來電車會轉進市街地，在腰越與江之島之間有一段狹窄的道路，沒有專用路權，必須和汽車共用馬路，電車行駛其間有些險象環生。

過了江之島站以後，觀光氣息不再那麼濃厚，在此上下車的大多是當地居民，最後駛進位於商業大樓的藤澤站，可在此轉乘小田急電鐵或ＪＲ東海道線，是使用人數最多的一站。短短的十公里，窗外山海市街景色變化豐富，且同時服務觀光及當地生活兩種需求，是江之電最大的強項與優勢。

從鎌倉出發各站車資

車資	EN01 藤澤站	EN02 石上站	EN03 柳小路站	EN04 鵠沼站	EN05 湘南海岸公園站	EN06 江之島站	EN07 腰越站	EN08 鎌倉高校前站	EN09 七里濱站	EN10 稻村崎站	EN11 極樂寺站	EN12 長谷站	EN13 由比濱站	EN14 和田塚站	EN15 鎌倉站
大人(日圓)	310	310	310	310	310	260	260	260	260	220	220	200	200	200	
小孩(日圓)	160	160	160	160	160	130	130	130	130	110	110	100	100	100	

和田塚站

和田塚駅

和田塚

電車從鎌倉離站後，短短不到一分鐘就抵達「和田塚站」，車站以不遠處的「和田塚」作為車站的命名，這裡距離由比濱海岸不遠，附近一帶曾是鎌倉時代「和田合戰」（一二一三年）的主戰場。

和田指的是武將和田義盛（一一四七～一二一三年），是出生於三浦的豪族，擅長弓箭，自源賴朝舉兵以來即竭盡心力輔佐。進入鎌倉後，奉命擔任侍所別當（長官），深受源賴朝的信任與重用，對於鎌倉幕府的創建有很大貢獻。

源賴朝墜馬過世後，兒子源賴家繼任，和田義盛成為鎌倉殿的13人一員，持續協助幕府政務推動，並配合北条家，逐步清除比企能員及畠山

和田塚

重忠等有力御家人的勢力。

第三代鎌倉殿源實朝年幼繼任，與老臣和田義盛關係特別親近，兩人漸漸成為忘年之交，然而對於權力掌控幾近偏執的北条義時卻不樂見這樣的情形，一直想方設法要早日排除和田家的勢力。一二一三年，一名自稱信濃國的武士泉親衡到處串連，意圖號召人馬攻進御所、殺掉北条義時。謀反事件並未成功，神秘的泉親衡隨後也消失得無影無蹤。

這起不排除是後鳥羽上皇為了動搖鎌倉所策劃的「泉親衡之亂」，終於讓北条義時逮到機會。和田義盛的兩個兒子和外甥胤長因涉入其中而被逮捕，和田義盛聞訊立刻從上總國（今千葉縣）趕來鎌倉，並召集家族九十八人到御所向源實朝求情。和田義盛的兩個兒子雖獲得赦免，不過在北条義時的堅持下，涉案情節較重的胤長罪不可免，不但宅邸被沒收，也不讓和田家族繼承，此舉也大大激怒了和田義盛。

在北条義時不斷刻意的刺激下，和田義盛決定出兵推翻北条家。和田軍進攻御所和北条宅邸，戰場擴及若宮大路附近的市街，爆發自源賴朝進入鎌倉以來最激烈的一戰。然而和田義盛原本期望的援軍倒戈並沒有現身，雙方兵力差距越顯懸殊，這場「和田合戰」僅持續短短兩天就落幕，和田義盛慘死在亂箭之下，和田一族就此滅亡。

和田塚位在車站附近的住宅區，四周有大約一公尺高的石垣堆疊，裡面有個石碑寫著「和田一族戰沒地」，和田義盛之墓也在一旁，有數座五輪塔供養著在合戰中戰死的亡靈，是一處與鎌倉幕府歷史有深刻關連的地方。

和田塚
江之電「和田塚駅」徒步 5 步

和田塚站月台

BREEZEBIRD CAFE & BAKERY

站在和田塚車站的月台上，我想起電影《鎌倉物語》有一幕就在此拍攝。擔任警察局顧問的推理小說作家一色正和（堺雅人）協助警察，四處奔波調查嫌疑犯的不在場證明，眾人在月台上仔細研究資訊看板上刊載的各站行車時間，這時一列離站的電車緊貼著旁邊的民宅疾駛而去，看到這個景象，一色正和隨口說出：「江之電真的通過很狹窄的地方呢」，話一說完隨即恍然大悟，也順利破解嫌犯原本牢不可破的不在場證明。

「BREEZE BIRD CAFE & BAKERY」就是緊鄰著江之電鐵軌的一間餐廳，大門正對著和田塚站往藤澤方向的月台出口，中間只隔著一條狹窄的小弄，一跨出車站立刻就能抵達，餐廳網站的交通方式寫著

「從和田塚站3步」，一點都沒有誇大。

原本是一處有戶外庭院的民家，經建築師巧手改裝成明亮時尚的餐廳。屋外露台的座位最受有小朋友的家庭喜愛，可以在草地上玩耍並看著江之電不時緊貼圍牆而過。主廚使用鎌倉、湘南與橫須賀等地方的當季食材，沒有過度調理，做成一道道好吃且份量十足的義式料理，午餐大約在三千日圓上下，價位看似偏高，但絕對物超所值。主餐附的麵包最是美味，用自家製的酵母長時間低溫發酵後烘焙，風味絕佳，客人離開前往往會再買幾個麵包外帶回去。

BREEZE BIRD CAFE & BAKERY

BREEZE BIRD CAFE & BAKERY

9:00 ～ 15:30、18:00 ～ 22:00

㊡ 星期二，每月第 2、4 個星期三

江之電「和田塚駅」徒步 3 步

鎌倉市由比ガ浜三丁目 4-5

breeze-bird.com/

SLOVE 十割蕎麥麵

スローブ十割蕎麦

由比濱大街上一家裝潢時尚的蕎麥麵店，帥氣有型的年輕老闆將店名取為「SLOVE」，用「Slow」和「Move」兩個英文單字組合而成，不是指慢動作，而是期許「緩慢，但仍踏實地往前邁進」。

一般蕎麥麵以二八最為常見，亦即兩成麵粉和八成蕎麥粉混合的比例，SLOVE 的麵條百分之百使用蕎麥粉手打而成，因此稱為「十割」，蕎麥的香氣十足，搭配當季蔬菜油炸的天婦羅，是吃完會想再訪的餐廳。

SLOVE 十割蕎麥麵

- 11:00 ～ 21:30
- 江之電「和田塚駅」徒步 5 步
- 鎌倉市由比ガ浜 3-9-47
- www.instagram.com/slove__yuigahama/

鰻之岡村

鰻のおかむら

原本在茅ヶ崎市開業五十年的鰻魚老店，二〇二四年初始移轉到鎌倉市內，選在由比濱大街靠近江之電鐵軌旁重新開業。採用高品質日本國產鰻魚，料理前會將活鰻魚先浸泡在取自佐助稻荷靈狐泉的泉水裡，再以精湛的刀工處理。以傳統古法製作，將新鮮的烤鰻魚搭配自家醬汁和新潟產的越光米，一端上桌，香氣盈室，是一道平衡感十足的美味烤鰻魚飯。

鰻之岡村
11:00 ～ 15:00、16:30 ～ 20:30
㊡ 星期四
江之電「和田塚駅」徒步 5 步
鎌倉市由比ガ浜 2-4-40
unagi-okamura.com/

由比濱站

由比ヶ浜駅

一八八九年鐵道橫須賀線通到鎌倉後，由比濱和稻村崎一帶增加許多達官顯貴的別墅，帶動了由比濱大街的發展，也讓鎌倉同時有著古都和別墅兩種風貌。

一到夏天，在這一站下車的遊客，絕大多數都是要前往由比濱海水浴場，出站後大約徒步五分鐘就能抵達。

在湘南幾處海水浴場中，由比濱是最受歡迎的一座，每年七～八月間鎌倉市役所觀光課會開設管理海水浴場，十餘間提供餐飲服務的「海之家」沿著全長近九百公尺的海岸一字排開，沙灘上陽傘林立，熱鬧非凡，每到假日更是盛況空前，在由比濱海邊遊憩玩水，也成了眾多關東人成長過程的共同回憶。暑假以外

由比濱沙灘

保存在極樂寺檢車區內的 108 號車

107 號車內部

的時間，由比濱回歸一般的海岸，從清晨到日暮，人們來此戲水、衝浪、做瑜珈或是玩風帆，是當地人最親近的生活場所。

國道134號線旁的海濱公園，停放著一輛江之電退役的骨董列車，是編號107號的單節電車。這輛在昭和初期登場的電車，於一九三一～一九八〇年活躍在正線將近半個世紀，由於當時以一節車廂（亦即「單車」）運行，因此以諧音取了「タンコロ」（tankoro）的可愛暱稱。同期製造的電車後來都被改造成兩輛一組的編成，只有107和108號這對兄弟車，始終以單車的形式一直運行到退役為止。

江之電公司後來將107號車捐給鎌倉市，放在由比濱海水浴場旁的鎌倉海濱公園內保存展示，白天可以進到車廂。承載過無數旅客的木質座椅與地板，木製窗戶與機械式的司機駕駛控制台，每個部分都充滿歷史感，也讓空氣中飄散著懷舊的昭和風情。

至於108號車則保存在江之電的極樂寺檢車庫內，於慶祝江之電開通八十五周年時全面改裝，目前車輛狀況依然良好，還能自力運行，是江之電現存最為珍貴的一輛電車，每年只有在舉辦「タンコロ祭」時才會對外公開，電影《鎌倉物語》登場的「黃泉號」，即是以108號車為原型設計。

長谷站 長谷駅

長谷是江之電沿線最多旅客利用的車站之一，雖然距離海岸線更近，不過在這一站下車的人出站後大多會往右走，朝長谷寺或高德院的方向前進。

長谷寺

擁有悠久歷史的長谷寺，年代甚至比鎌倉幕府還要早將近四百五十年，相傳在奈良時代七三六年創建，與奈良的長谷寺都是同一時期的佛寺。

長谷寺的正式名稱為「海光山慈照院長谷寺」，不過大家都習慣以「長谷觀音」稱呼。山門掛著紅色大燈籠，搭配一棵傾斜但形態優雅的

長谷寺

長谷寺本堂

松樹，是每個來過長谷寺的參拜者都會留下印象的畫面。長谷寺門前在江戶時代就以宿場町而繁榮，古代人們從遠方步行來到江之島，傍晚時分完成參拜後，經過力餅家時買一份力餅補充體力，然後走到長谷停留住宿一晚，是當時標準的觀光路線。

順著參拜道拾級而上，境內草木扶疏，不時可以看到「良縁地蔵」石雕像，帶著微笑、雙手合十的姿態可愛療癒，讓人手機拍個不停，長谷寺還以此發展出各式各樣的文創商品。

本堂建在高台上，供奉的本尊「十一面觀音菩薩」由來非常特別。傳說七二一年在當時的大和國（現在的奈良縣），兩位製作佛像的工匠應大和長谷寺開山法師德道上人要求，用一棵巨大楠木，費時三天三夜雕成

良縁地藏

兩尊觀音菩薩像。其中一尊作為大和長谷寺的本尊，另一尊由高僧行基開眼供養後放流大海中，希望能拯救有緣的眾生。十五年後，這尊觀音像出現在相模灣海上，居民發現後打撈上岸，大和長谷寺開基者藤原房前得知消息後趕緊來到鎌倉，為觀音菩薩像安座，奠定長谷寺的基礎，因此這裡也被稱為「新長谷寺」。

金色的十一面觀音菩薩像容貌莊嚴，右手持著錫杖、左手拿著水瓶，赤腳站立在台座上，高九・一八公尺，是日本最大的木造佛像，必須抬頭仰望，在這神聖的空間，每個人莫不感到無比震撼與感動。參拜者通常只能在隔著供桌參拜，寺方在十二月十八日會舉辦觀音《御足参り祈願》（御足參拜祈願）活動，參拜者可進入內陣，來到觀音菩薩前輕撫腳下，是因緣殊勝的難得體驗。收藏長谷寺寶物的「觀音博物館」與本堂相連，展示原本安置在本尊前的十一面觀音菩薩立像（江戶時代）、三十三應現身像（室町時代）、梵鐘（鎌倉時代）等重要文物，如同一處佛像藝術殿堂。

觀音御足參拜祈願（© 長谷寺）

写真提供：長谷寺

紫陽花小路

除了莊嚴的十一面觀音菩薩，在觀音博物館旁邊有一條「眺望散策路」，一到初夏花季，成了整個鎌倉最有名的紫陽花名所，難以計數的遊客蜂湧來到這條「あじさいの小路」（紫陽花小路），感受被景簇花海包圍的期間限定景致。由於人數實在過於踴躍，寺方只好以整理券分流人潮，排隊等候三十分鐘到二小時是很正常的事，遇到假日，最長甚至可能必須等上三、四個小時。

不過長時間排隊是值得的，順著山坡斜面，種植了多達四十種、約兩千五百株的紫陽花，沿著小路徐徐而上，不但可以飽覽五顏六色、花型各異的紫陽花，順著人潮來到寺內最高處，還可以眺望鎌倉市街與相模灣海岸景色。繞了一圈下來後有一片竹林，可以進入被竹子環繞的「經藏」內轉法輪，只要虔心轉動放滿經書的輪藏，就能有誦讀所有經書的功德，是很特別的體驗，每逢觀音菩薩的緣日（每月十八日）及特定日期可以轉法輪，碰巧遇到的話可不要錯過了。

山門旁是長谷寺自營的「NAGOMI Shop」，寺方將境內的和み地藏做成文具、雜貨、和菓子等文創商品販售，療癒人心的設計，讓人愛不釋手。

NAGOMI Shop

長谷寺

- 8:00 ～ 16:30（4 ～ 6 月延長至 17:00）
- 400 日圓、小學生 200 日圓
- 江之電「長谷駅」徒步 5 分鐘
- 鎌倉市長谷 3-11-2
- www.hasedera.jp/

鎌倉大佛

鎌倉大佛殿高德院

鎌倉大仏殿高徳院

我與鎌倉的象徵「鎌倉大佛」相遇甚早。在訪日外國人僅有五百萬人次左右的二〇〇二年，第一次跟團來關東旅遊，行程包含東京都及鄰近的千葉、神奈川兩縣，當遊覽車載著團員抵達鎌倉，安排的唯一景點正是最能代表鎌倉的大佛，只是當時年少，對於主題樂園的興趣顯然要比靜態佛寺來得高，當看到充滿歷史痕跡的大佛時，只覺得繡出淡淡綠青色的巨大銅造佛像甚是好看，其餘毫無概念，腦海浮現的是小學遠足前往彰化大佛的印像，拍完幾張到此一遊照就急著想要離開，沒有再多深入了解眼前的佛像。

隨著遊歷日本的次數年復一年增加，參拜過難以計數的神社佛閣，越發喜歡這些精巧的佛像雕刻和建築，也逐漸明白這才是日本文化的精髓。相隔多年再次來到大佛前，這次有備而來，仔細地端詳這尊青銅打造的國寶阿彌陀如來坐像時，心中越發覺得感動與敬佩。

在信仰虔誠的鎌倉時代，為了祈求武家政權與人民的安泰，決定打造這尊金銅佛像。即便以現今的技術來看，要打造一尊高十一・三公尺、重量約一百二十一噸的大型銅造佛像也不是件容易的事，然而日記形式的鎌倉幕府史書《吾妻鏡》在建長四年（一二五二年）八月十七日下，謹短短記載著「今天當彼岸第七日，金銅八丈的釋迦如來像在深澤里開始鑄造」，其他有關大佛的建造過程及完成日期等，一切都付之闕如，連為高德院開基、開山者也不明，為鎌倉大佛增添幾許神秘色彩。

不過可以確定的是，大佛最早並非露天，而是被供奉在堂宇之內，根據新的考證與境內仍留存的五十六個礎石推算，大佛殿的正面長四十五公尺、寬約三十八公尺，比現在的迴廊範圍更大，推算高度達三十餘公尺，非常壯觀。然而在室町時代幾度遭遇強風侵襲，佛殿兩度倒塌，一四九八年關東發生大地震引發海嘯，佛殿嚴重損壞，從此未再重建，形成如今所見的露天模樣。所幸大佛歷經幾次重大災害並沒有受到太大損害，幾乎維持著與七百多年前完成時相同的樣貌，唯一差異比較大的地方大概就是顏色，創建之初鎌倉大佛貼覆著金箔，現在只在臉頰殘留下一些痕跡。

進入高德院山門經過手水舍後，不見盤坐在戶外的大佛，順著石坂路再左轉九十度，大佛才倏然出現在正前方。「仰望大佛崇高美麗的臉龐以及半睜開的眼睛，青銅的眼瞼也像孩子的眼神，有被溫柔凝視的感覺。大佛柔和的表情，外觀各角度呈現的無限祥和中，帶著讓眾人折服的美…當我越接近這巨大的佛像，他的魅力也越強烈。」明治二十三年（一八九〇年），從英國來到日本的雜誌記者 Lafcadio Hearn（一八五〇～一九〇四年）在前往松江赴任教英文前，寫下他到鎌倉旅遊時的觀察。

這篇《鎌倉・江之島參拜》

後來集結在Hearn的處女作《Glimpses of Unfamiliar Japan》（註1），這本出色且對日本文化觀察入微的紀行於1894年在美國出版，非常暢銷。這個學識淵博的外國人，以獨特的感性和出類拔萃的觀察力，感受不同的文化衝擊，用文字為日本留下在歐化過程中，逐漸消失的舊日美好，也為西方開啟一個認識神秘日本的窗口。之後Hearn娶了日本人為妻並入籍日本，改名小泉八雲，是日本現代怪談文學的鼻祖。

小泉八雲也進到大佛的內部。銅像裡面是中空狀態，稱為「胎內」，可以付費入內拜觀。能如此親近被列為日本國寶的佛像，是非常難得的事，在裡面就能看到大佛一層層堆疊鑄造而成，以及後來補強結構所留下的痕跡。

二〇一六年初，鎌倉大佛做了一次自一九六一年「昭和大整修」以來，睽違五十五年的全身健康檢查，大佛被鷹架和灰色布幕包覆著，使用現代化的精密儀器，進行為期約二

鎌倉大佛胎內

鎌倉大佛

個月的檢修。經過專家詳細的調查，大佛得到一份比預期狀況要好、沒有發生嚴重劣化的體檢報告，這個結果也讓人感到安心，早已是土地記憶的大佛，可以持續守護著鎌倉。

大佛手邊迴廊裡的牆上，掛著一雙長一．八公尺、寬〇．九公尺，重達四十五公斤的特大號草鞋，非常醒目，這雙配合大佛的體型編成的草鞋，有人開玩笑地說，大佛盤腿坐了七百多年，想必腳都發麻了，大佛如果想站起來活動一下，馬上就有草鞋可以穿，所以隨時準備著。草鞋的傳統源自茨城縣的松榮兒童會，一九五一年二次世界大戰剛結束不久，小朋友們希望慈悲的大佛能到日本各地行腳，為人民帶來幸福，因此製作草鞋。後來松榮町會為了向後世傳達這項事蹟，現在每三年會重新編製一雙，持續寄付給高德院。

明治時代到昭和年間活躍的女作家與謝野晶子（一八七八～一九四二年），也在小泉八雲之後來到高德寺，留下一首讚嘆的短歌「鎌倉大佛

大佛與迴廊

雖是釋迦牟尼宛如美男子矗立夏天茂林中」（註2）。在迴廊的後方豎著一塊石碑，刻著像是放大的晶子本人所寫的字。

在川端康成的名著《山之音》中，有一段主角信吾帶著女兒和孫女來此散步的情節。女兒不懂這首膾炙人口的詩歌，讓信吾有點掃興。

信吾說：「大佛不是釋迦牟尼。實際上是阿彌陀佛。因為弄錯了，所以詩歌也改了。如今在流行的詩歌中將釋迦牟尼改稱為阿彌陀佛或者大佛，音韻不協調，佛字又重疊。但是，就這樣刻成詩碑，畢竟還是錯誤啊。」

雖然是小說的內容，從中似乎也顯露出大作家認真的一面。

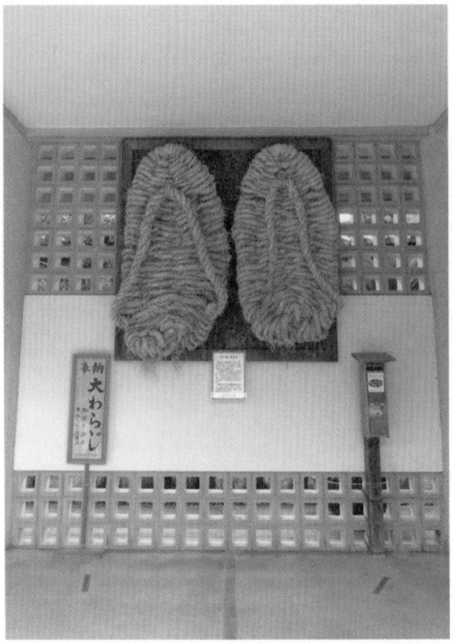

鎌倉大佛迴廊草鞋

註1：日文版譯名《日本の面影》，台灣版譯為《日本瞥見記：異文化的觀察與愛戀》。

註2：原文為「かまくらやみほとけなれど釈迦牟尼は美男におはす夏木立かな」。

高德院

- 4月～9月 8:00～17:30、10～3月 8:00～17:00
- 大人 300 日圓、小學生 150 日圓
- 江之電「長谷駅」徒步 7 分鐘
- 鎌倉市長谷 4-2-28
- www.kotoku-in.jp

甘繩神明神社
甘繩神明神社

鎌倉歷史最悠久古老的「甘繩神明神社」距離高德院不遠，可順道前往。

傳說建於西元八世紀初，由附近的豪族染谷太郎時忠所創建，祭祀天照大神。這座神社與源氏的關係也很密切，據說當時已成為相模守的源賴義來此祭祀祈求後，如願得子，生下源義家。進入鎌倉時代，源賴朝下令整修社殿和鳥居，並在一一八六年的正月初二和政子一同前來，後來源實朝也曾來此參拜。

本殿建於一處高台上，進入鳥居後必須攀登數十級階梯才能上來，參拜後轉身一望，可以看到由比濱海上的點點風帆，川端康成或許也曾眺望過這片景色。甘繩神明神社的鳥居旁，是川端康成生前長年居住的房子，並在這裡寫出以鎌倉為故事背景的經典文學作品《山之音》。

川端康成的住宅就位於長谷的山腳下，《山之音》寫到「窗外是陡峭的山和綠蔭，為數不少的花和樹葉會落庭院裡」，想必即是以這裡為背景書寫。作家安西篤子曾幾次來過川端宅，每當她站在庭院時，就更加體會到這部作品的偉大，因為「寫過鎌倉海濤聲的大有人在，但能捕捉到山的鳴聲，到目前還沒看過，若非川端先生的敏銳感覺，不但很難感受到山的聲音，更不可能將它與死亡的預感相連結。」

甘繩神明神社

境內自由

江之電「長谷駅」徒步 5 分鐘

鎌倉市長谷 1-12-1

石渡源三郎商店

長谷車站通往長谷寺、高德院的路上永遠有綿延不絕的旅客，街道兩旁的商店多以觀光客為主，當中也穿插幾間不太一樣的店家，明治元年（一八六八年）創業的「石渡源三郎商店」，就是已根植在當地人日常生活的老字號。

只要曾經從江之電長谷站步行前往高德院，一定會對這家店有印象。店內錯落擺放幾個木盆，裡面裝著各式新鮮豆子，顏色五彩繽紛，經常吸引觀光客停下腳步。店家以多年的經驗，精心挑選日常飲食常用的豆子，其中不乏市場罕見的稀少品種，像是丹波的大納言紅豆、群馬縣的紫花豆、或是山形縣的密傳豆等，排列在充滿時代感的老式木盆及櫃子上，成為店內最醒目的裝飾。

除了豆類，店內的乾貨也很適合觀光客購買，日本人餐桌上少不了的羊棲菜、海帶

芽、乾燥香菇、昆布等，都能在此買到品質極佳的商品。自父親手中接班的年輕老闆，臉上總是帶著親切笑容，熟稔地向客人介紹店內從日本各地進貨的優質物產。他謙虛地說做的是小生意，但多年的經驗對於乾貨有豐富的知識，可以好好向客人傳達與交流。我買了店內的日高昆布，發現品質比超市販售的要好上太多，一吃難忘，後悔當下沒有多買幾包。到鎌倉旅遊時，如果想帶一些和菓子以外的伴手禮，可以安心地來石渡源三郎商店選購。

石渡源三郎商店

9:00 ～ 18:00

㊡ 星期日

江之電「長谷駅」徒步 2 分鐘

鎌倉市長谷 2-14-23

www.yamagen-mame.co.jp/

鯛魚燒浪平

たい焼きなみへい

接連走訪幾間佛寺神社多少有些疲累，找了一間甜點店歇腳，順便補充能量。這間「たい焼きなみへい」（鯛魚燒浪平）是二〇二四年春天上映的電影《四月，她將到來》拍攝場景之一，位於前往「鎌倉文學館」的入口處，與甘繩神明神社僅相距約二百公尺，從江之電由比濱站走過來也不遠。

充滿復古童趣的小店就如其名，以鯛魚燒最有名，以鐵鑄模型透過直火，一隻一隻燒烤而成，和東京人形町的老舖「柳屋」的作法相同，所以又稱為天然鯛魚燒。講究食材的店主，內餡使用的十勝紅豆、抹茶、栗子等都選用無添加的原料，現點現做，店內設有幾席座位，可以坐下來慢慢品嘗暖呼呼又純粹的滋味。四季都供應的刨冰也相當受到喜愛，店長是鹿兒島的人，菜單有一款來自店長故鄉的名物「白熊」刨冰，風味道地，不用遠赴九州也能在關東吃到。

鯛魚燒浪平

10:00 ～ 18:00

㊡ 星期一

江之電「長谷駅」徒步 7 分鐘，「由比濱站」徒步 3 分鐘

鎌倉市長谷 1-8-10

www.taiyaki-namihei.com/

THE CIRCUS KMAKURA

從長谷站出站，沿著江之電軌道旁的小路往極樂寺的方向走，不到一百公尺的距離就能抵達「THE CIRCUS KMAKURA」，店內擺著一隻擬真的黑猩猩看著窗外，逗趣的畫面，讓人忍不住多看一眼。

這間在二〇二二年開幕的甜點店，由於鄰近著江之電，店面的設計受到不少影響和啟發。店主說有一次搭到江之電現役最古老的300形電車時，看到車廂內的木質地板，很喜歡車內這樣的氣氛，於是捨棄原本要將店面地板鋪設水泥的想法，改採用舊木材，營造出讓人喜歡的空間。從店門口進來的通道，筆直地連通到戶外空間，這一側牆壁使用綠色的六角形磁磚，顏色和江之電電車的顏色相同，讓店面不光只是擁有江之電的景觀，同時也把江之電融入到建築設計中，是店主和建築師的巧思。

不過光是成為網美景點不足以吸引人一再造訪，THE CIRCUSKMAKURA 販售的一款「アラゴスタ」

甜點，才是店主的真本領。アラゴスタ是義大利語「龍蝦」的意思，外觀如同一條尾巴，層層堆疊而成的酥脆外皮，裡面包著冰涼爽口的卡士達，吃過的人都讚不絕口。アラゴスタ相當扎實且份量還不小，可搭配手沖咖啡或是紅茶，欣賞著江之電從眼前而過的景色，慢慢享受巡遊寺院以外的悠閒時光。

　此外，用法國的卡芒貝爾（Camembert）起司，和義大利產的戈貢佐拉（Gorgonzola）起司為基底，做成的兩款起司蛋糕，更是店主自豪之作，也是幾乎來店的每個客人都會點的人氣甜點。

THE CIRCUS KMAKURA

11:00 ～ 18:00（年中無休）

江之電「長谷駅」徒步 1 分鐘

鎌倉市坂ノ下 9-17

www.the-circus1026.com/kamakura

極樂寺站

極楽寺駅

江之電離開長谷站後，繼續貼著民宅行駛，右手邊有個鳥居一閃而過，隨即進入全線唯一的隧道。幾秒鐘後穿出隧道，窗外重現光明，電車隨即減速，緩緩抵達極樂寺站。

車站位在鎌倉山麓的交界處，顯得有些侷促。電車停靠幾十秒後往下一站揚長而去，單側的月台在同車乘客出站後隨即恢復寧靜，空氣中迴盪著不遠處山林裡傳來的樹葉窸窣聲與蟬鳴蟲吟。

車站沒有閘門，一台綠色的驗票機置中放在走道上，這個場景想必會讓日劇迷立刻想起《倒數第二次戀愛》。每天都利用江之電極樂寺站通勤的男女主角，夜晚下班時兩人經常在此不期而遇，工作幹練但私下有些迷糊的小泉今日子，出

極樂寺站

站時總是找不到ＩＣ卡，每次都被中井貴一後發先至刷卡，兩個愛抬槓的中年人，就一路拌嘴走回到位在附近神社鳥居前的住家。

走出車站，發現這座極樂寺站真的是很迷你，甚至比台鐵的保安車站規模更小，不過周邊環境整理得宜，站前圓形紅色郵筒又發揮畫龍點睛的效果，形成一幅精巧可愛的畫面，不斷吸引著人們來此拍照或是繪畫寫生。旅途中不盡然都要追求大景，這樣確切且真實的場景反而讓人有種打從心底油然而生的平靜感。

古樸的木造小站在一九九九年被選為關東車站百選之一，位在綠意環繞的天然環境，就像鎌倉一樣，時光在此彷彿被凍結於昭和時代，是眾多江之電粉絲迷最愛的一座車站。

極樂寺

極楽寺

車站命名由來的「極樂寺」就位在附近不遠處，出站後向左順著人行道，經過紅色「櫻橋」後再左轉就能抵達。小巧的茅葺山門，只在左下角留下一處約莫及胸的小出入口，想要進去必須彎身而入，順著筆直的石坪小徑，可以一路走到本堂參拜。

一二五九年極樂寺於深澤創建，後來由開基者北条重時（二代執權北条義時的三男）遷移到這裡，是一座真言宗佛寺，開山僧侶是曾在奈良西大寺叡尊門下學習紀律的忍性法師（一二一七～一三〇三年）。

從山門入內，兩排櫻花樹環繞石疊著參道，筆直通往本堂，另有客殿、轉法輪殿、大師堂等，境內並不大。然而在鎌倉時代，附近整座山頭都是極樂寺的範圍，是一座非常巨大的寺院。日本在文永．弘安之役兩度遭遇元寇來襲，雖因神風相助得以度過國難，但對於強大的元軍是否會第三度進犯依然充滿危機感，更擔憂西日本可能會就此淪陷，於是幕府將興福寺、東寺、室生寺、熊野三山等神道與佛寺的

重要伽藍移植到極樂寺，可視為一種「文化疏散」，以守護並保存日本自古以來的重要寺社和靈場，同時祈願國家安泰。

極樂寺極盛時期擁有金堂、講堂、十三重塔等伽藍及四十九個塔頭，規模宏大，但歷經戰亂、火災和地震，如今僅留下山門與本堂等建築。山門前及境內種植紫陽花，是江之電沿線賞花名所之一。

註：極樂寺境內禁止拍照攝影。

極樂寺
9:00～16:30
江之電「極楽駅」徒步 1 分鐘
鎌倉市極楽寺 3-6-7

極樂寺隧道
極楽洞

在紅色的櫻橋上，經常可以看到有人拿著相機，等候橋下江之電穿出隧道的畫面。這條全長約二百公尺的「極樂寺隧道」是江之電全線唯一的隧道，於明治三十九年（一九〇六年）六月動工，以人力挖掘，並用煉瓦，也就是紅磚砌成，歷時約八個多月完成這條電氣化的隧道。精良的工程品質，安然度過一九二三年關東大地震的試煉，將近一百二十年的歲月，依然維持建造當時的原型，放眼日本亦相當罕見，因此於二〇一四年被日本土木學會選定為土木遺產，在紀念的銘版上寫著「江之電穿出極樂洞的景觀，為古都鎌倉帶來現代氣息，也讓人想起電氣鐵道的歷史。」

成就院

極樂寺站被山林環繞，是江之電中氣氛很特別的一站，車站附近的道路狹窄且高低起伏，往海的方向走，是鎌倉七切通之一的「極樂寺坂切通」。

源賴朝選擇鎌倉為根據地，主要著眼於山海包圍形成天然要塞的自然環境，周圍的山勢雖僅有一百多公尺，但地形複雜，未經開闢的原始山道遠比標高數字要險惡難行。為了人員移動和搬運物資，幕府動用大量人力開山闢路，日文稱為「切通し」，如同字面上的涵義，就是切開山麓而成的道路，極樂寺坂切通在鎌倉時代後半期開闢而成，可連接海岸線，是通往京都的重要通道。

到了近代，極樂寺坂切通拓寬成為車道，過往風貌改變不少。走了一小段路後，隨即可以看到「成就院」的指標。寺院建於山坡上，總共一百零八層石階，象徵煩惱之數，登高走到山門前，回頭一望，由比濱及材木座海岸連成圓弧形的沙灘，美麗景色

不動明王像

弘法大師像

盡收眼底，古代的旅人從極樂寺坂切通進入鎌倉，走到制高點看到這個景色時，就知道鎌倉已經近在眼前了。

相傳在平安時代，空海（弘法）大師（七七七～八三五年）進行諸國巡禮時曾行腳至此，在山中修行「虛空藏求聞持法」。過了大約四百年，一二一九年鎌倉幕府第三代執權北条泰時從京都延請高僧，在此創建成就院，供奉本尊是不動明王，以保佑良緣成就最為有名。山門附近可以看到一尊弘法大師的行脚像，本堂內亦有弘法大師的座像，是一處與大師足跡有關的場所。

成就院

🕓 8:00 ～ 17:00（11 月 1 日～月 1 日 8:00 ～ 16:30）

🚃 江之電「極楽駅」徒步 3 分鐘

📍 鎌倉市極楽寺 1-1-5

🌐 www.jojuin.com

御靈神社

⛩ 御靈神社

御霊神社

穿過高低起伏的極樂寺坂切通進入「鎌倉中」，也就是鎌倉時代鎌倉真正的範圍，兩旁民宅也開始多了起來。一棟木造平房矗立在T字型路口，客人接踵而來，這間是在江戶時代元祿年間創業，已超過三百年歷史的老舖「力餅家」，以「力餅」最為有名。正式名稱是「權五郎力餅」，仍維持創業時的作法，不使用添加物，賞味期限只有一天，是非常受歡迎的鎌倉特產，而且僅此一家、別無分號。

順著力餅家旁的小路，遠遠就聽到前方平交道傳來「噹、噹、噹、噹～」的聲響，往聲音的方向直走，沒多久，一輛江之電疾駛而過，石製鳥居倏然出現在眼前，看過電影《海街日記》的人想必會對這個畫面留下深刻印象，再平凡不過的一幕，卻能讓人由衷感受到一種日常的美好。

鳥居緊鄰著江之電鐵軌的「御靈神社」，則是祭祀平安時代武士鎌倉權五郎景正（一〇八七年～歿不詳）的古老神社，創建於平安時代後期。權五郎以英勇著稱，

御靈神社面掛行列（写真提供：鎌倉市観光協会）

力餅家

十六歲就上戰場參與「後三年之役」，後來開發鎌倉湘南一帶成為領主，當地人習慣稱呼他「權五郎さま」。神社保佑必勝、學業成就，還有比較特別的是也有人來此祈求眼病治癒，傳說權五郎在東北秋田的一場戰事中，右眼被敵軍的弓箭射中，他不但沒有因此退卻，反而是忍痛讓同袍拔出，再將弓箭射向敵人，武勇的事蹟流傳開來，成了眾人欽佩景仰的對象。

境內供奉手玉石（約一百零五公斤）及袂石（約六十公斤）兩塊石頭，相傳是古代武士用來比拚力氣所使用，祭祀這兩塊石頭的餅在儀式後會分送給每個人，也成了權五郎力餅的由來。九月十八日是權五郎景正的忌日，每年御靈神社舉行例祭的同時，會有一場別開生面的「面掛行列」，十人戴著木刻面具，緩步跟著神明的遊行隊伍，非常特別，已被神奈川縣政府指定為縣的無形文化財。

御靈神社境內其實不大，很多人來此都是為了要拍電車和鳥居同框的畫面。神社前方沿著江之電的軌道旁種植大量紫陽花，每逢開花時節總吸引大批攝影愛好者前來拍照，人數多到要出動保全來維持秩序。

《倒數第二次戀愛》的男女主角經常在此一同等候平交道的柵欄升起，跨越軌道回到位於神社右前方的住家，是日劇迷進行聖地巡禮時不會錯過的場景。

註：御靈神社境內禁止拍照攝影。

御靈神社

境內自由

江之電「極楽駅」徒步 9 分鐘、「長谷駅」徒步 5 分鐘

鎌倉市坂ノ下 4-9

稻村崎站

稲村ヶ崎駅

鎌倉海濱公園稻村崎地區

鎌倉海浜公園稲村ヶ崎地区

電車離開山區，開始朝海岸的方向前進。稻村崎站是江之電少數擁有兩個月台的車站，上下行的電車會同時在這裡交會。出站後往海的方向走，沙灘在陽光照射下，閃耀著點點的光芒，這裡到七里濱的海岸沙子都富含鐵砂，因此從鎌倉時代開始就吸引刀工聚集，鍛造業相當興盛。

信步走向海濱公園，是一處凸出於海岸線的岩岸，海岸線面對著相模灣，視野極佳。站在公園四處眺望，西邊不遠處的江之島活脫就像一隻噴水鯨魚浮在海面上，天氣狀況好的時候，遠一點的富士山、南邊外海的伊豆大島都清晰可見，

稻村崎站

獨特的景觀，被選為神奈川五十勝景之一。

海濱公園裡矗立著一塊明治天皇御製的「新田義貞徒涉傳說地」石碑。一三三三年五月十八日，新田軍在極樂寺坂發動猛烈攻勢，卻久攻不下，二十一日義貞試圖親自渡過稻村崎海岸，但岩岸懸崖陡峭、道路狹窄，無法通過。《太平記》寫到義貞為了確認潮汐，於是丟下一把劍，待海水退潮後踩著砂泥，率軍從海岬南端攻入鎌倉，這裡也成了鎌倉幕府滅亡的關鍵地。

鎌倉海濱公園稻村崎地區眺望江之島

新田義貞徒涉傳說地石碑

稻村崎溫泉

稲村ヶ崎温泉

鎌倉什麼都好，就是給人溫泉地的印象較為薄弱，鎌倉海濱公園對面正好有一處市內少見的溫泉，直接依所在地取名為「稻村崎溫泉」，為碳酸氫塩冷礦泉，泉水帶著金黃的褐色，又稱為「黃金之湯」，水質非常優異。

館內以木材裝潢，搭配暖色系的照明，一入內就給人好印象，溫泉池面對著相模灣，視角上與大海連成一片，就像無邊際浴池，天氣好的時候，無論男湯女湯都能遠眺富士山，極佳的溫泉水搭配無價的美景，是旅途中至高的享受。

稻村崎溫泉

9:00 ～ 21:00

1,500 日圓

江之電「稲村ヶ崎駅」徒步 3 分鐘

鎌倉市稲村ガ崎 1-16-13

www.inamuragasaki-onsen.jp/

つきやま

隱身在寧靜住宅區的料理店，緊鄰江之電軌道，能邊享用美味餐點邊欣賞電車從眼前而過的景色。店內空間乾淨明亮，使用附近漁港捕獲的新鮮魚貨，提供鎌倉名物「吻仔魚丼」與多款海鮮料理，是本地人經常光顧的和食餐廳。

つきやま

- 11:30 ～ 14:30、17:00 ～ 21:00
- 休 星期三
- 江之電「稲村ヶ崎駅」徒步 3 分鐘
- 鎌倉市稲村ガ崎 1-12-10
- www.instagram.com/kamakura_tukiyama

ヨリドコロ由比濱大通店

位於稻村崎站附近緊貼著江之電的古民家所改裝成的人氣餐廳，往往清晨尚未開始營業前即已排著長長人龍，在前面提到的富士電視台特別節目中，排名高居第三。由於實在太受歡迎，來訪時要有排隊久候的心理準備，對於時間寶貴的觀光客來說，建議改前往開在和田塚站附近的由比濱大通店。

看似普通的和式定食早餐搭配TKG，也就是日本常見的生蛋拌飯，特別的是顧客要自己先（努力地）用打蛋器將蛋白打到軟綿綿的霜狀，再加上生蛋黃，特殊的口感，即便不太敢吃生雞蛋的人也會吃得津津有味，非常受到女性顧客的喜愛。戶外露台僅有三席，可以看到江之電從眼前超近距離通過的奇妙光景。

ヨリドコロ要先用打蛋器將蛋白打成霜狀

ヨリドコロ由比濱大通店

ヨリドコロ早餐

ヨリドコロ由比ガ浜大通り店
7:00 ～ 18:00
㊡ 星期二
江之電「和田塚駅」徒步 3 分鐘
鎌倉市由比ヶ浜 1-10-7
yoridocoro.com/

七里濱站

七里ヶ浜駅

江之電從稻村崎站發車駛離住宅區後，路線逐漸與靠海的國道１３４號線平行，遼闊的相模灣七里濱海岸線開始完整出現在左邊的車窗外，初次搭乘的觀光客不免發出一陣驚呼，紛紛拿起手機，紀錄眼前的美麗景象。

WEEKEND HOUSE ALLEY

WEEKEND HOUSE ALLEY & 世界最好吃的早餐

出站之後跟著人潮，走到離海岸不遠的「WEEKEND HOUSE ALLEY」，是一棟結合住宅和商業設施的綜合性設施，由建築師千葉學設計。他利用交錯的巷弄（Alley）將建築物的公共區域區分出不同用途，為這棟建築增添探訪的趣味。

低樓層的商業空間集合了幾間商店和餐廳，其中名氣最大的當屬有著全世界最好吃早餐美譽的澳洲餐廳「bills」，這間是日本的一號店。果然有不少遊客就是衝著這家餐廳而來的，裡面座無虛席，我沒有訂位，排了好一會兒才等到空位。

bill's 鬆餅

WEEKEND HOUSE ALLEY

江之電「七里ガ浜駅」徒步 2 分鐘

鎌倉市七里ガ浜 1-1-1

www.weekend-house-alley.jp/

モアナマカイ珊瑚礁 & 本店

原本是一間牛奶專賣店，使用大量的牛奶、鮮奶油、起司、奶油四種乳製品，熬煮出濃厚的咖哩醬汁，推出後大受歡迎，洋溢夏威夷風情的建築，室內設計的調性也與外觀相襯，是江之電沿線最具代表性的咖哩飯名店。

店內提供的咖哩是自己在家中難以烹煮出的獨特風味，多年來已培養出一群忠實顧客。由於鄰近海岸的「モアナマカイ珊瑚礁」店內座位經常被觀光客佔領，當地人習慣前往距離海邊稍遠的「珊瑚礁本店」，從車站步行前往約十分鐘。

緊鄰珊瑚礁本店有間果汁店「PELE' S Juice & Bar」，使用當季新鮮水果現榨提供，是炎熱夏天身體的最佳水分補給。

モアナマカイ珊瑚礁

- 営業時間：10:30 ～ 14:30，16:30 ～ 20:00
- 定休日：星期四
- 交通：江之電「七里ガ浜駅」徒步 2 分鐘
- 地址：鎌倉市七里ガ浜 1-3-22
- 網址：sangosho.net/moana/

珊瑚礁本店

- 営業時間：10:30 ～ 20:00
- 定休日：星期一、二
- 交通：江之電「七里ガ浜駅」徒步 10 分鐘
- 地址：鎌倉市七里ガ浜東 3-1-2
- 網址：sangosho.net/honten/

PELE' S Juice & Bar

- 営業時間：星期六 15:00 ～ 20:00，星期日 14:00 ～ 20:00
- 定休日：星期一～五
- 網址：https://peles.jp/

珊瑚礁本店

珊瑚礁本店

鎌倉高校前站

鎌倉高校前駅

從七里濱到鎌倉高校前這一段，江之電幾乎傍著國道134號線平行而走，左側車窗外是湘南海岸，也是沿線最美麗的一段海景。途中會經過「峰ヶ原信号場」，是上下行列車的重要交會點，先抵達的電車必須在此運轉停車，等候對向電車抵達後，再依號誌指示重新起動。

江之電現役最古老的是300形電車，車頭線條圓潤，目前僅剩355及305號兩輛一組編成尚在運行，於一九六〇年上線，至今已服務超過六十年，是鐵道迷眼中造型最典雅也最珍貴的型號，尤其是走在這個路段和富士山同框的畫面更是經典，幾乎每天都會有鐵道迷來此守候捕捉，隨著季節而改變的車頭銘版，更是鐵道愛好者拍攝的焦點，江之電開發的周邊商品也主要以300形電車來設計。

現役數量最多的運行主力則是1000形電車，

鎌倉高校前站

車站月台展現籃球的意象

300 形電車與富士山

峰ヶ原信号所

共有十二輛車六個編組，是江之電睽違了四十八年後所打造的全新車種，一九七九年登場時，為滿是舊車的江之電帶來一股新氣象，特徵是車頭三折的幾何線條，同樣雋永耐看，曾獲日本鐵道之友「ブルーリボン賞」（藍絲帶獎）殊榮。外觀最與眾不同的是10形電車，紫紺色塗裝，仿東方特快車造型，是為了紀念開通九十五周年而打造的復古車款，僅有二輛車一個編組。

列車駛進鎌倉高校前車站月台停妥後，觀光客裝扮的乘客幾乎都在此下車，有的人急忙出站，有的則先坐在木椅上靜候江之電離站，享受海風輕撫，同時欣賞眼前平靜的大海。這一站原本只是當地居民，以及斜坡上「鎌倉高校」學生才會利用的無人小站，除了眼前一望無際的海洋，附近沒有什麼景點，直到動畫《灌籃高手》播出，片頭曲有一幕櫻木花道隔著平交道和赤木晴子揮手的畫面，讓車站開始受到關注，並

成為江之電在海外知名度最高的一站，車站前方的平交道也被稱為「スラムダンク踏切」（灌籃高手平交道）。

早期來此聖地巡禮的以台灣人最多，隨著二〇二二年上映的電影《The First Slam Dunk》在全世界熱賣，如今每天都有大批各國的遊客來此拍照。

然而過多的觀光客也產生眾多令人感到困擾的「迷惑行為」，已嚴重影響當地居民的生活和車輛進出，鎌倉市政府只好要求江之電公司要配置保全，以維護平交道附近的安全。

灌籃高手平交道

腰越站

腰越駅

江之電腰越站的規模很小，隱身在腹地狹窄的住宅區，月台僅容三節車廂停靠，因此在進站前，車上會廣播僅有前（或後）三節車廂的車門會打開，請下車的旅客留意。月台外牆上有一幅可愛的綠色300形電車和富士山的插畫，由擅長繪畫的江之電社員手繪而成。

提到腰越，當地人首先會想到「腰越漁港」，規模雖然不大，不過來到鎌倉、江之島所吃到的「しらす」（吻仔魚），漁獲幾乎都來自這個小漁港。附近的「小動岬」，則是一九三〇年太宰治殉情自殺未遂的地點。

當時還在就讀帝大的太宰治，那年冬天帶著銀座咖啡店十七歲的年輕女給（即女侍）田部美津子，

鎌倉的吻仔魚幾乎都來自腰越港

腰越站外江之電壁畫

腰越站

小動岬

一起在海邊的岩石上服下安眠藥殉情，當被漁夫發現時，女生已不幸死亡，太宰治送醫後活了下來，被送到七里濱的療養所治療，在哥哥文治動用人脈與金錢多方奔走下，最終免去被起訴。這個事件也成了他日後重要的創作主題，反覆出現在作品裡。太宰治在他最著名的作品《人間失格》中寫道：

那一夜，我們在鎌倉跳海。她說「這條腰帶是向朋友借來的」，解下腰帶，折好放在岩石上，我也脫下披風，擺在同一個地方，和她一起躍入海中。

最後，她就此殞命，而我卻獲救。

也許因為我是一名高中生，而且家父的名字多少有點新聞價值，所以報上將它當作一起重大案件加以報導。我被收容在海邊的一家醫院，一位親戚從故鄉趕來，替我處理各種事項……

帶著強烈自傳性的作品與現實交錯重疊，這起殉情事件的真相也逐漸變得模糊。

對於熟悉歷史的人來說，提到腰越則會聯想到鎌倉戰神源義經。

源義經在壇之浦之戰（一一八五年）滅亡平家後，先回到京

腰越狀石像

壇之浦古戰場源義經像

都拜見法皇，受到英雄般的歡迎，經此一役，義經更受朝廷信任，有了比之前更強的影響力。早一步從戰場回到鎌倉的梶原景時等人，向鎌倉殿報告戰況，提到義經在戰場上猶如鬼神般英勇及不擇手段的戰略，還有京都盛傳著日後將是義經的天下之傳聞。此時源賴朝急著想召義經速回鎌倉說明，不過義經因檢非違使的職務在身，表明無法擅離京都，更讓源賴朝感到不悅，也斷定義經遲早會成為自己的一大威脅。

有如大天狗的大謀略家後白河法皇，已經看出源氏兄弟之間的嫌隙，於是命源義經押解平宗盛父子前往鎌倉。原本凱旋歸來該受到表揚的英雄，卻被懷抱戒心的源賴朝下令停在腰越，不准踏進鎌倉一步，滿腹委屈的源義經在「滿福寺」苦等多日，由弁慶代筆寫下文情並茂的「腰越狀」送到御所，請求哥哥的原諒。

書狀先是述說兄弟之情，表示自己有功無罪卻受到責難怪罪，終日泣血涕零，並表示自己並沒有犯錯且無任何野心，更強調能得到朝廷冊封為檢非違使，實為家族的榮耀。然而對源賴朝而言，棟樑只需有他一人便足夠，如果出現其他領袖導致權力分散，是他最不樂見的情況。源義經終究無法得到哥哥的諒解，只能黯然返回京都，也為日後的兄弟相殘點燃火苗。源義經表明心意的腰越狀，就保存在滿福寺內，境內有個「硯の池」，據說當時就是弁慶取池水磨墨的地方。

江之島站

江ノ島駅

江之電全線幾乎都有專屬路權，唯獨腰越駅到江之島駅之間的路段，是與其他汽機車共用的「併用軌道」，看起來和路面電車沒什麼兩樣。這段不到五百公尺的直線路段沒有紅綠燈，取而代之的是數個閃爍著「電車接近」字樣的LED電子看板，電車在行進間有時還必須鳴笛，提醒前方的車輛，甚至得臨時停車、等候不小心占用到軌道的汽車移開才能繼續前進。

在道路的正中央，江之電筆直地往「龍口寺」行駛，寺院前方路口閃著紅色燈號，提醒來車注意，這時電車急切了一個將近九十度的大彎道，再度駛入專用軌道，隨後即抵達江之島站，江之電也從這裡開始進入藤澤市的範圍。

江之島是沿線的大站，同時擁有上下行月台。二〇一九年江之電完成車站更新工程，新增多項便利旅客的設施，採用木製座椅，依然維持著木造車站的溫暖樣貌，站前廣

江之島車站與江のピコ

場旁有一間江之電直營的商店。

走出車站，視線馬上被車阻欄杆（ピコリーノ）上的小鳥吸引，八隻小鳥身上穿著色彩繽紛的衣服，模樣可愛逗趣，遊客紛紛停下腳步拍照。這種金屬車阻原本是為了避免小朋友在欄杆上玩耍跌落受傷，因此在上緣加上幾隻小鳥，在日本並不算少見，不過唯獨江之島車站前的小鳥享有如此好的待遇。

為小鳥穿上衣服始於一九九九年冬天，在車站販賣店服務的員工石川小姐，有一天在店內工作時覺得天氣很冷，她心想在戶外的小鳥一定更冷，於是多少帶著一些遊心，開始幫小鳥穿上衣裳，之後每個月都會幫小鳥們換上新衣。溫馨的舉措開始吸引人們的注意，紛紛來到江之島站拍照，甚至還會關注下個月會穿什麼衣服。這幾隻小鳥也被當地居民取了「江のピコ」的可愛暱稱。這項工作後來由石川小姐的朋友小池三四子接手，住在車站附近的小池老太太依照不同季節的特色，固定在每月的一日為小鳥們換上新衣，原本冰冷的小鳥彷彿有了生命力，江のピコ也成了江之島站人見人愛的名物。到了二〇二二年底，已經高齡八十五歲的小池老太太因年事已高退休，現在改由其他志工們繼續這項溫馨的傳統。

腰越到江之島間的併用軌道

江のピコ

湘南單軌電車

湘南江之島站

湘南江の島駅

除了江之電有江之島站，湘南單軌電車（湘南モノレール）和小田急電鐵也各有一座以江之島為名的車站。

「湘南江の島駅」（湘南江之島站）是湘南單軌電車的終點站，與江之電只相隔一條馬路，乘車月台位於五樓，戶外的陽台可以看到鎌倉的市街並眺望富士山。

這條在台灣從沒看過的懸吊式單軌電車其實已經頗有歷史，在二〇二一年迎接全線通車五十周年紀念。當年為解決日益嚴重的道路壅塞問題，由三菱集團的三菱重工、三菱電機與三菱商事共同出資興建，是僅次於東京「上野懸垂線」（即上野動物園單軌電車）及名古屋「東山公園單軌電車」之後，日本第三條懸吊式單軌電車，目前全日本也僅有湘南和千葉市仍持續使用這一類型的單軌系統。

湘南江之島站月台

湘南單軌電車行經的區域道路狹窄，周邊多山，地形高低起伏，採用單軌電車似乎是相當適合當地的選擇，沿線以住宅區居多，並且經過七所高中，是當地居民和學生重要的交通工具，加上「湘南町屋駅」附近有「三菱電機」鎌倉製造所，因此平日上午通勤通學時段擁擠的程度，可是一點都不輸給東京都內的鐵道路線。這條湘南單軌電車採單線運行，且營業里程僅有六・六公里，每年依然有多達一千一百三十萬人次（二〇一九年）搭乘。

三節編成的電車倒掛在軌道下方，少了下方鐵軌和土木結構阻隔，前頭車輛視野極佳，宛如飄浮在空中，難怪一日乘車券上面會印著「Enjoy空中散步」字樣。看著下方的車輛不斷被電車凌空超越，優越感十足，不過電車底下空無一物，對有懼高症的人說，可能會覺得有點恐怖。

湘南單軌電車現役的5000系電車加速性能卓越，一路穿山越嶺、越過斷崖絕壁，路線高低差逾三十公尺，離心力作用在部分路段顯得有些搖晃，加上行車速度頗快，尤其是

湘南江之島站

湘南單軌電車

「湘南深澤駅」與「西鎌倉駅」之間這一段，穿山而行，電車在筆直的隧道內以每小時七十五公里的極速全力疾駛，過了西鎌倉駅後又迅速拉升越過片瀨山頂，簡直就像在遊樂園搭雲霄飛車一樣。

如果行程鎖定先玩江之島，可以從東京搭到ＪＲ大船駅後轉乘湘南單軌電車，班次相當密集，每隔七到八分鐘就有一班車，全程只需十四分鐘就能抵達終點湘南江之島站，下車後再步行前往江之島，毋須再搭江之電。對於拍攝電車有興趣的話，可在「湘南深沢駅」途中下車，就能拍到電車凌空飛越下方車陣的英姿。

湘南江之島站車站位於一棟商業大樓內，二〇一八年底整修完成後煥然一新，三樓放置一台列車駕駛模擬器，可以免費體驗擔任電車駕駛的感覺。

從車站大樓後面的「鎌倉口」出來，對面有一間小小的餐飲店「壽司政」，是當地居民和江之電社員經常光顧的店家，中午時段只需一千日圓左右，就能吃到新鮮美味的握壽司海鮮丼，相當超值。

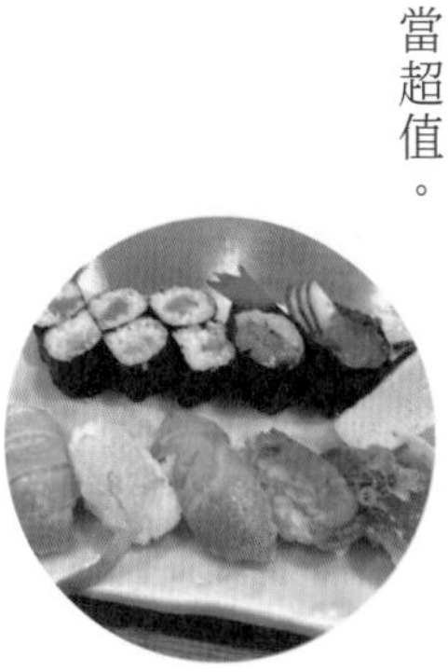

扇屋

在江之電進入江之島站前的大轉彎處，透過車窗看到一幅奇特的景象，一間商店的門口竟然鑲著一輛江之電的電車車頭，讓人好奇，在尋找第三座江之島車站前，決定先往回走前去探訪。

回到方才車輛行經的「龍口寺前交差點」大轉彎。這處S轉彎的最小曲線半徑R=28m，在日本1,067mm軌距以上的鐵道中，是半徑最小的一處，對照台鐵最小轉彎半徑需要八百五十公尺，用「急轉彎」來形容這裡一點也不為過。由於一節電車的長度是十二・五公尺，江之電在車輛的連結處構造下了一番功夫，以因應如此特殊的路型。這處大轉彎也被土木學會選定為土木遺產，紀念銘牌就設置在店門口有一台江之電車頭的「扇屋」前方。

扇屋是一間知名的和菓子老舖，於江戶時代天寶年間（一八三一～一八四五年）創業，已有將近二百年歷史。平成二年（一九九〇年），當時江之電正好有一輛編號651的電車退役，老老闆因為兒子非常喜歡江之電，和江之電社長商量後，同意讓渡這台報廢的電車給扇屋並安

龍口寺前大轉彎

龍口寺（写真提供：公益社団法人藤沢市観光協会）

扇屋名物最中

章魚仙貝分店

置在店頭，意外成了最好的宣傳，店內的裝飾也滿滿都是江之電的元素。

扇屋最受歡迎的是「最中」，酥脆外皮包著紅豆內餡，保留傳統的風味，包裝紙盒也是以電車為造型，非常吸引人，每天手工製作數量有限，想買的話可別太晚來，以免向隅，扇屋的最中也被神奈川縣選為指定銘菓，很適合作為伴手禮。扇屋對面有一輛新穎江之電造型的小舖，是江之島名物章魚仙貝的分店，與651號電車有著新舊車頭相互輝映的趣味。

大轉彎的另一側是「龍口寺」，於十四世紀上半創立的日蓮宗佛寺，供奉的本尊是大曼荼羅，可順道前往參拜，境內的本堂、山門及五重塔都是藤澤市指定的重要文化財。

扇屋

- 9:00 ～ 17:00
- 不定休
- 江之電「江ノ島駅」徒步 3 分鐘
- 藤沢市片瀬海岸 1-6-7

片瀨江之島站

片瀬江ノ島駅

另一座以江之島為名的車站與江之電有一小段距離，出站後沿著站前的小路往江之島的方向前進，在靠近國道134號線的路口前右轉，經過「片瀨江の島觀光案內所」和「弁天橋」後即能抵達。

走在弁天橋上，遠遠就看到正前方一棟有著青銅屋瓦、朱紅樓門的特殊建築，這宛如龍宮城的建物並非寺院或遊樂設施，而是小田急電鐵的片瀨江之島站。

小田急電鐵以龍宮城為造型設計車站的歷史由來已久，由於靠海的關係，這座車站早在一九二九年開業時，就以龍宮城的意象設計。經過將近九十年的使用，車站逐漸老朽，並於二〇一八年拆除改建，保留原本的設計概念，採用建造神社佛閣的龍宮造技法，下方是拱形的通道，搭配入母屋造的屋頂，木工的部分找來專做寺社建築的業者施工，簡直就像在蓋寺院的樓門，二〇二〇年完成後，很多人都覺得似乎比以前更像想像中的龍宮城了。

屋頂原本打算使用天守閣常見的鯱，小田急參考新江之島水族館的建議，改用可愛的海豚來裝飾，總共五處共七隻海豚，連同正面的龍頭都貼上金箔，在陽光的照射下閃爍耀眼的光芒，也為車站增添更多趣味。片瀨江之島站也是三處以江之島為名的車站中，距離江之島最近的一座。

片瀨江之島站

新江之島水族館

新江ノ島水族館

「新江之島水族館」距離片瀨江之島站很近，大約五分鐘即可抵達，由於交通便利，吸引遊客從東京或更遠的地方前來。

四面環海的日本共有多達一百七十五座水族館，數量驚人，是世界第一的水族館大國。新江之島水族館早在一九五四年開館，是日本水族館的長青樹，深受民眾喜愛，多達二十四項日本第一次的創舉，更成為水族館界尊敬與效法的對象，並贏得「王者」的封號。

當地人都習慣以「江之水」（えのすい）稱呼的新江之島水族館，矗立在國道１３４號線旁，是一棟地上二層、地下一層，全長達二百三十五公尺的大型水族館。售票處位於一樓，不過幾乎都是遠道而來的觀光客在買票，當地人大多數持有年票，一年之中只要來兩趟就能回本，十分划算，吸引大約六萬人購買，回訪客佔了很高的比例。

新江之島水族館

相模灣大水槽

水族館的面積廣達三千六百坪，分成十四個展示區，足以逛個大半天。依照動線，首先會進入「相模灣區」，來到這裡，或許就能感受到江之水讓人不斷回訪的魅力。江之水前面的相模灣水深極深，與駿河灣、富山灣並稱「日本三大深灣」，複雜的海底地形加上寒、暖流兩道洋流交會，孕育豐富的生態體系，是一處放眼世界也極為罕見的生物寶庫。

相模灣區第一個水槽，以人造波浪，模擬自然海灘環境，隨後會走入一條海底隧道，宛如帶著微笑的魟魚和大量魚群從頭上悠游而過，再往裡面走，就是館內最大的「相模灣大水槽」，其實從一開始的海灘到中層和遠離岸邊的海灣，全部串連成在一起，忠實重現相模灣。大水槽裡不論是魚的種類或數量都很豐富，其中有多達八千條沙丁魚，魚群集體行動閃耀著銀色的光芒，非常壯觀，讓人目不暇給，光是在這裡就可以讓人待上許久。

江之水是全世界第一個成功設置水母常設展的水族館，展示多達四十種水母，是這裡的一大特色。當中有知名品種，也有在附近海域發現的新品種，姿態萬千的模樣，看了非常療癒。其中帶著紫藍色的「蛋黃水母」、口腕形狀毛茸茸像是雲朵的「黃金水母」，以及棲息地在北美的「太平洋黃金水母」，是館方推薦最療癒人心的三種水母。江之水不光只是飼育，飼育員每天都會前往海邊，採集棲息在相模灣的水母，對於研究和保育的投入可說不遺餘力。

接下來的深海區也是由江之水首創。相模灣水深超過一千公尺，江之水開發出可以重現海底下一千公尺的特殊環境水槽，讓人得以近距離觀賞平常只有在圖鑑才能看到的海底生物，館內還實際展示一台已退役的深海探查艇「深海2000」，曾多次載著研究員深入海底進行各式調查，留下輝煌的研究成果。

現在各海洋世界常見的海豚表演也是江之水的創舉，在一九五七年首度表演，是入館必看的節目。在半露天的海豚展演場，聰明的海豚聽從飼育員的指令做出各種動作，讓人看得驚呼連連。江之水稱館內的飼育員為「接待員」（トリーター），每一位都經過館方特別安排的說話與發聲訓練，因此總能以宏亮有朝氣的聲音主持節目、帶動現場氣氛，或是親切地跟遊客解說，創造出江之水與眾不同之處。

江之水紀念品店的商品總類相當充實，館內療癒系的企

深海 2000

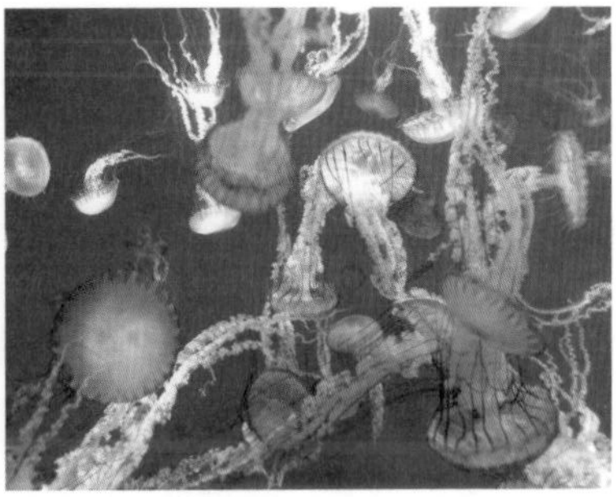
太平洋黃金水母

鵝、海獺、海豚、水母等都被做成各式商品，水藍色的吉祥物「あわたん」以泡泡為發想，可愛的設計讓小朋友愛不釋手。

夏天的江之島非常炎熱，我選在正午時段入館，不但避開戶外的酷暑，更在館內進行了一趟饒富深度兼具趣味的海洋知識學習之旅，從中也深刻感受到新江之島水族館何以成為世界頂尖水族館的魅力與堅持。

新江之島水族館水獺

海豚秀

新江之島水族館

10:00 ～ 17:00

大人 2,500 日圓、高中生 1,700 日圓、中小學生 1,200 日圓、幼兒（3 歲以上）800 日圓

小田急「片瀬江ノ島駅」徒步 3 分鐘

藤沢市片瀬海岸 2-19-1

www.enosui.com/

江之島（© 公益社団法人藤沢市観光協会）

江之島

江の島

現代人來到鎌倉旅遊，通常會先前往鎌倉車站周邊的神社佛閣參拜，再搭上江之電到沿線的景點，並順道登上江之島。然而在江戶時代卻不是這樣，鎌倉的觀光反而是被興盛的江之島參拜所帶動起來。

歌川廣重的浮世繪「相州江之島弁才天參詣群集之圖」中，就描繪廣受庶民信仰的技藝之神江之島弁財天六年一度開帳時，從江戶來此的女信徒們撐著傘、成群要走往島上參拜的盛況，眾人完成江之島的參拜行程後，再順道前往鎌倉，成為江戶時代標準的觀光行程。

江之島突出在相模灣海面上，有一條細長沙洲與片瀨的陸地連接，如同法國的聖米歇爾山。古代這裡沒有橋梁，《吾妻鏡》記載人們趁著退潮沙洲浮現時走過去，滿潮時則乘著小舟，或是讓人揹著涉水而過。現在遊客都走在行人專用的「江之島弁天橋」，一旁與之平行的橋樑是供車輛通行的「江之島大橋」。

江之島自古以來就是個充滿神話色彩的宗教聖地，根據十一世紀留傳下來的《江島緣起》，五五二年四月十二日夜晚開始，連續十二天大地震動，天女弁財天與十五位童子降臨，創造了一座神仙之島，並降伏作惡多端且危害人間的五頭龍，洗心革面的五頭龍從此成為人民的守護神，之後欽明天皇（聖德太子的祖父）下令，在江之島南邊的洞穴（岩屋）祭祀神明。

文武天皇四年（七〇〇年），一位名叫役小角的修行者來到江之島的洞窟修行時，受到神明的啟發，於是在此開創修行的靈場，泰澄、道智、空海、安然、日蓮等當代高僧紛紛來此修行，其中空海大師於八一四年在此參籠修行，創建岩屋本宮（即現在的奧津宮），八五三年慈覺大師也在此參籠，並創建「上之宮」（現在的中津宮）。

江之島岩屋（© 公益社団法人藤沢市観光協会）

江島神社

跨海走到江之島，最先映入眼簾的是一座青銅鳥居，於江戶時代的文正四年（一八二一年）再建，已有二百多年歷史，匾額寫著「江島大明神」，江島神社的參拜之旅也從這裡開始。這條緩緩而上的參道名為「弁財天仲見世通り」，置身其間，我的腦海浮現似曾相似的印象，感覺很像來到京都的清水寺道，同樣都是摩肩接踵、兩側店家林立的景象，雖然只有短短一百多公尺，人多的時候往往得費上好一番工夫才能走完。

參道的終點是紅色大鳥居，遊客大都會在此先拍一張紀念照，鳥居後方的「瑞心門」居高臨下，龍宮城的造型，與小田急片瀨江之島車站有異曲同工之妙。

江之島是一座小山，道路蜿蜒、地勢起伏，高低差非常明顯，江島神社的「邊津宮」、「中津宮」、「奧津宮」都建在山上，要爬許多階梯才能抵達，對於體力是一大考驗，尤其是在炎熱的夏天。所幸鳥居旁有「江の島エスカー」（江之島手扶梯），可以讓人不費吹灰之力

江島神社紅色大鳥居（© 公益社団法人藤沢市観光協会）

江島神社青銅鳥居與弁財天仲見世通り（© 公益社団法人藤沢市観光協会）

即輕鬆抵達邊津宮和中津宮。不過使用這個手扶梯須另外付費，可以單買，連同江之島海蠟燭的套票一起買更為划算。

手扶梯共分成三區，只有單向往上，經營這條手扶梯的江之電公司將第一區手扶梯的兩旁打造成「江之島Luminous Way」，牆壁投影出如夢似幻的海底世界景象，讓人驚豔。從第一區手扶梯出來，外面就是邊津宮。

又稱為「下之宮」的邊津宮，由源實朝創建，位在江島神社神域內最下面的位置，祭祀江島三女神之一的多紀理比賣命，不但是海神、水神，也能招來幸福財寶、保佑技藝精進，江島神社主要的祈禱儀式都在邊津宮舉行。

旁邊的八角堂「奉安殿」供奉日本三大弁財天之一的「妙音弁財天」，以及「八臂弁財天」。妙音弁財天為音樂及學問之神，殿內的白色座像全裸、體態豐腴、手上抱著琵琶，風格寫實，又被稱為「裸弁財天」，是鎌倉時代中期以後的傑作。

八臂弁財天則與源賴朝有關。根據《吾妻鏡》記載，一一八二年源賴朝想要早日征服奧州平泉強大的藤原秀衡，帶著北条時政、足

江之島手扶梯

龍宮城造型的瑞心門（© 公益社団法人藤沢市観光協会）

八臂弁財天（© 公益社団法人藤沢市観光協会）

妙音弁財天（© 公益社団法人藤沢市観光協会）

立遠元等鎌倉武士四十七人登上江之島參拜祈願，並命文覺上人打造這尊八臂弁財天，連續祈求二十一天。七年之後，源賴朝果然如願平定奧州藤原氏，八臂弁財天也因此被認為是勝運的守護神。雕像手持寶輪、寶珠、鑰匙，其餘的手上拿著茅、弓箭等武器，充分展現戰鬥之神的性格，可保佑武術或運動精進。

由於源氏棟樑源賴朝對於弁財天虔誠的信仰，在鎌倉時代，江之島成為東國武士信仰的場所，備受歷代將軍、執權與武士的崇敬，一直延續了四百年。德川家康在一統日本的關鍵之役「關原之戰」（関ヶ原の戦

邊津宮（© 公益社団法人藤沢市観光協会）

中津宮（© 公益社団法人藤沢市観光協会）

い，一六〇〇年）前也曾來到江之島參拜。原本只有天皇家，或是將軍、大名才能前來的江之島，到了江戶時代解禁，來島上參拜的庶民繼踵而至，成為浮世繪繪師筆下常見的題材。

邊津宮拜殿前的池子潺潺水聲不絕，錢洗白龍王盤踞在一旁，只見遊客紛紛掏出皮夾裡的紙鈔或是硬幣，舀池子的黃金淨水來清洗，據說用靈水清洗過後的福錢，可以提升金運並保佑財寶福德。

第二區手扶梯位在白龍王旁，搭著手扶梯往上一出來就是耀眼的「中津宮」，主祀三大女神中的三女市寸島比賣命，是三姊妹中長相最美的女神，能保佑技藝提升、商業繁盛以及變得美麗。朱紅鮮明的社殿在一九九六年大改建中，重現江戶幕府第五代將軍德川綱吉於一六八九年，以權現造形式重建的本殿、幣殿及拜殿形式。

中津宮（© 公益社団法人藤沢市観光協会）

江之島山繆克金花園 江の島サムエル・コッキング苑

搭乘第三區手扶梯來到江之島的最高處，跟著人群走向「江の島サムエル・コッキング苑」（江之島山繆克金花園）。

名字有點饒舌的花園，取自Samuel Cocking（一八四五～一九一四年），是一位活躍於日本明治時代的英國貿易商。一八六八年舊幕府軍與新政府軍爆發「戊辰戰爭」，對於武器的需求大增，Cocking於是運送一批阿姆斯壯大炮和步槍前往日本，準備大發戰爭財。歷經半年的航程，繞了大半個地球好不容易抵達伊豆半島，這時卻遭遇暴風雨迷航，在海上度過驚恐不安的一夜。天明之後，拿出航海圖對照，看到標示著「ノッチアアイルランド」的島嶼映入眼簾，Cocking被這座美麗小島所吸引，深刻烙印在腦海裡。

溫室遺構

山繆克金花園（©公益社団法人藤沢市観光協会）

湘南 Candle

海蠟燭燈塔（© 公益社団法人藤沢市観光協会）

一八七一年，Cocking在橫濱的居留地設立商會，經營日本美術、骨董、照相器材、醫療用品等貿易，事業相當成功，並娶日本人宮田リキ為妻。一八八〇及一八八二年，分兩次向金龜山與願寺買入心心念念的江之島土地，開闢植物園，並在裡面打造一座約二百坪的溫室，用煤炭燒熱水來維持室內溫度。

面積超過一萬平方公尺的和洋折衷式花園，現為藤澤市所有，交由江之電公司營運管理。從入口進來，一處紅磚造的遺構就是溫室，如今僅殘留地下室的構造。花園在園藝職人悉心照料下，草木扶疏、繁花錦簇，不同季節都有盛開的花朵，在園內賞花閑走，景觀宜人、凱風快晴，是旅途中極致的享受。

江之島的地標「江の島シーキャンドル」（江之島海蠟燭）也在花園裡，可以搭乘電梯登上約四十二公尺高的燈塔展望樓層，加上江之島的高度，海拔已逾百公尺，三百六十度無死角環景，整個湘南海岸一覽無遺。如果不登塔，溫室後方的「邁阿密海灘廣場」也有好的視野，對岸漫長的沙灘、山腳下湘南港的白色遊艇整齊停靠，霎時間還真有置身美國的錯覺呢！一旁輕食餐廳「LONCAFE」的霜淇淋是極品，不過在戶外廣場享用時要小心，不要被老鷹偷襲搶走了。

白天的花園是自然優雅的風貌，到了晚上則展現另一種容顏。每年十月中旬到十一月上旬舉行的「湘南Candle」為小島營造出絕美氣氛。使用真正的蠟燭，數量多達約一萬盞，每天光是點亮與吹熄就是一項大工程，蠟燭在自然風吹撫下明暗搖曳，溫暖的橙色燭光伴隨海蠟燭燈塔，一起照耀著江之島。

至於十一月下旬到隔年的二月底的「湘南的寶石」，更是一場光和色彩的祭典。數十萬顆LED燈泡把江之島

湘南的寶石（© 公益社団法人藤沢市観光協会）

イルキャンティ・カフェ 江の島

湘南的寶石（© 公益社団法人藤沢市観光協会）

妝點得猶如一顆璀璨的寶石，耀眼絢爛，到訪者置身這非日常的夢幻世界，無不屏息凝視、讚嘆連連。湘南的寶石名列日本關東三大燈光秀之一，也入選「日本夜景遺產」，但江之電不以此為滿足，每年依然不斷地推陳出新，讓人想要一再重遊，儼然已成為每年冬天最令人期待的一場光之饗宴。

花園門前的廣場旁有一間義大利料理「イルキャンティ・カフェ江の島」（iLChianti Cafe Enoshima），居高臨下，坐擁江之島的美景，餐點選擇豐富，價格實惠，是我個人很喜歡的餐廳。

LONCAFE 霜淇淋

江之島岩屋 江の島岩屋

造訪江之島多次，或因友人帶領，或因時間的關係，幾度都在參觀完江之島山繆克金花園後，隨即往山下移動，與島上最強能量景點「江之島岩屋」始終緣慳一面。有一回再度搭乘江之電抵達江之島，這次打算以島上的岩屋為主要目標，完成長久以來的心願。

從江之電江之島車站步行到岩屋必須穿過整座島嶼，光是路程至少就得花大約四十分鐘。九月中旬來訪，午後依然豔陽炙膚，途中先順道去了小田急片瀨江之島車站和江之水，接著經過無比繁忙的國道１３４號線後，步履開始變得有些蹣跚，對於能否在不中暑的前提下順利走抵岩屋開始感到有些懷疑。在即將走上江之島弁天橋前，無意間看到右手邊一處小碼頭，寫著前往「岩屋洞窟」，決定改變計畫，搭船前往。

可以乘載約三十人的江之島遊覽船名為「べん

てん丸」（弁天丸），是前往岩屋最便利的交通方式，船隻在相模灣上迎風急行，將海面劃出一條燦白浪花，涼爽海風和水霧帶走暑氣，還能從另一個角度欣賞江之島，坐在船上，暗自慶幸方才做了正確的決定。

下船處位於江之島的西南邊，是一處海浪侵蝕形成的岩岸「稚児ヶ淵」（稚兒之淵），被一望無際的大海包圍著，令人心怡神悅，遊客在崎嶇的岩岸上觀浪磯釣，或是靜靜等候稍晚的絕美夕陽。順著指示走上「岩屋橋」，排在長長人龍後面，等待購票入場。

江之島岩屋是海浪經年累月拍打形成的海蝕洞窟，分成第一（一百五十二公尺）與第二岩屋（五十六公尺），洞穴的氣溫比戶外低了好幾度，走進洞內瞬時感到一陣涼爽。前段主要是有關岩屋的歷史資料展示，一旁水池裡的石碑刻著與謝野晶子的和歌，隨後每個人會拿到一盞燈籠，點著蠟燭，很像探險般地往深處前進。第一岩屋的尾端分岔成兩道，左側兩旁有多尊石造

稚兒之淵（© 公益社団法人藤沢市観光協会）

與謝野晶子歌碑

江島神社發祥地

佛像神像，最後變成狹窄的空間，無法再往前通行，站在這裡，感受著微微涼風，據說遠從富士山的冰穴吹來。右側通道則有弘法大師像及多尊明王石像，最深處則是西元五五二年欽明天皇下令鎮座的江島神社發祥地。

折返直行左轉前往第二岩屋，遠遠就能看到從洞穴深處傳出藍紫色的光芒。自古以來這裡就以龍神信仰聞名，走到最裡面，是一尊活靈活現的神龍像，站在神龍前拍手，神龍會發出咆嘯聲與閃電的光芒，聲光效果十足，可以此作為岩屋探險的完結儀式。

岩屋

- 9:00 ～ 18:00
- 大人 500 日圓、小學生 200 日圓
- 搭江之島遊覧船弁天丸在岩屋乘船處下船徒步 4 分鐘
- 藤沢市江の島 2

遊覧船弁天丸（© 公益社団法人藤沢市観光協会）

奧津宮

奧津宮

結束岩屋的參拜，我沒有選擇搭乘小船離開，而是拾級而上，往「奧津宮」前進。這段路程不算太長，但不像另一頭有手扶梯可搭，沿途上坡石階不斷，讓人頗感吃力，一路走到岩屋通り的鳥居，地勢才逐漸轉為平坦。

從岩屋走了大約十分鐘後抵達奧津宮，這裡祭祀的神祇是大姊多紀理比賣命，社殿建於幕末一八四二年，是現存江島神社三殿中歷史最為悠久的一座，規模雖不若邊津宮，卻流露出更為濃厚的神域氣息，參拜者紛沓而來。奧津宮前方的石鳥居，據傳是源賴朝一一八二年登島參拜祈願時所寄付。

下山沒有手扶梯，順著外圍的石階梯往下走，一路行經江之島大師、山繆克金花園、中津宮，還有與台灣頗有淵源的「兒玉神社」，祭祀日治時期台灣總督府第四任總督兒玉源太郎。緩緩走回到瑞心門前的紅色大鳥居，在熱鬧的參道旁商店買一片排隊美食「章魚仙貝」，以及江之島名紀の国屋本店的「女夫饅頭」，結束這趟充滿能量的小島旅行。

離開江之島前，還有一個地方想要親眼看看。

右轉走進青銅鳥居旁不起眼的小路，像被施了魔法一樣，觀光客身影瞬間全數不見，氣氛也為之丕變，除了幾間餐廳和民宿，兩旁幾乎都是一般的住宅，一隻黑白相間的流浪貓悠閒地從我身旁經過轉進狹窄的防火巷內。走到小路終點，一間外觀有點斑駁的餐廳出現在眼前，店名連同菜單就直接掛在外牆招牌上，流露十足昭和時代風情，這間「文佐食堂」正是多次出現在電影《海街日記》，充滿人情味的餐廳「海猫食堂」，於一九六四年開業，如同電影情節，是深受當地居民喜愛的食堂老舗，也因為這齣電影的關係，已成為影迷必訪的朝聖景點。

這天抵達時刻稍晚，不巧錯過營業時間，鐵捲門已經半掩，不免感到有些可惜，不能像廣瀨すず一樣在店內享用竹筴魚定食，但也無妨，因為這給了我下次再訪江之島最充分的理由。

走回到弁天橋時，逐漸西沉的太陽被厚重雲朵遮蔽，雲隙中透出幾道潔淨的耶穌光，把江之島照耀得更顯神聖，彩霞和海風輕撫，陪伴旅人往車站的歸途前進。

紀の国屋本店

文佐食堂

藤澤站

藤沢駅

電車從人潮終日不斷的江之島站離後，江之電不再一路向西，而是往北駛去。在藤澤市的路段，電車似乎不再一直被鄰屋緊迫盯人地夾在偪促的空間，兩旁變得開闊一些。這段路程兩旁都是住宅區，觀光氣息逐漸淡去，附近沒有什麼景點，在湘南海岸公園駅、鵠沼駅、柳小路駅、石上駅這幾站上下車的，幾乎都是當地居民或是學生。

電車離開石上駅後開始緩緩爬坡，行駛在高架路段上，最後駛進一棟商業大樓內，這裡就是江之電途中下車之旅的終點藤沢駅，正確來說，這裡才是江之電的起點。旅客從一側車門全數下車後，相對側的車門隨即開啟，不一會兒電車隨即載著滿滿的乘客離去，展開另一段新的旅程。

鋼構桁架撐起的拱形屋頂完整地環抱著月

藤澤站月台

鵠沼駅

湘南海岸公園駅

柳小路駅

石上駅

台，頗有一座迷你版中央車站的氣勢，出站後在自動閘門正前方有一間江之電直營的紀念品店，是離開前採購江之電自家商品的最後機會。

由於能與ＪＲ東海道線、小田急電鐵江之島線相互轉乘，藤澤站是江之電全線運量最高的一站。車站大樓是小田急集團經營的「ODAKYU 湘南GATE」，餐飲購物一應俱全，大樓外的天橋可通往ＪＲ藤澤車站所在的大樓，裡面的商業設施是ＪＲ東日本自家經營的「ルミネ藤沢」（Lumine 藤澤站），是藤澤市民再熟悉不過的百貨商場。

藤澤市位處交通要衝，在江戶時代因「藤沢宿」而發展起來，是東海道五十三次的宿場町之一，目前的人口約四十二萬人，比隔壁的鎌倉市多了好

江之電藤澤站

幾倍。JR藤澤站北口外就矗立著LABI和Bic Camera兩大家電賣場，天橋將站前數棟建築物串連起來，人潮熙來攘往，商業氣息濃厚，熱鬧的程度，和東京都二十三區內的一些車站相比也毫不遜色。

在繁華的商業區採買完後，搭著JR東海道線的電車往東京的方向前進。美好的鎌倉．江之島之旅，也在這裡畫下句點，望著窗外逐漸遠去的街景，我不說再見，因為我知道很快我就會再回來。

ODAKYU 湘南 GATE

JR 藤澤站前家電量販店

附錄1：鎌倉時代年表紀要

一一五九年 平治之亂，源賴朝被平清盛流放伊豆蛭ヶ小島。

一一八〇年 源賴朝在伊豆舉兵，石橋山合戰敗北，退守安房。
進入鎌倉作為根據地，遷移由比若宮至鶴岡八幡宮現址。

一一八二年 源賴朝命北条時政等御家人修築若宮大路、段葛。

一一八四年 源範賴、源義經率軍討伐木曾義仲。
源範賴、源義經於一之谷之戰大破平家軍隊。
源義經未獲源賴朝許可，接受後白河法皇封為檢非違使。

一一八五年 屋島之戰，源氏軍隊大敗平家，掌握瀨戶內海控制權。
壇之浦之戰平家滅亡，三神器之一草薙劍沉入海底無法尋獲。
源義經未獲准進入鎌倉，寫下腰越狀。
源賴朝獲朝廷認可，得以設立全國守護、地頭之地方官吏。

一一八九年 源義經自盡、弁慶戰死。
源賴朝討伐奧州，藤原氏滅亡。

一一九二年 源賴朝受朝廷封為征夷大將軍。
仿平泉中尊院建永福寺。

一一九九年 源賴朝墜馬身亡，享年五十三歲，長子源賴家成為第二代大將軍。
十三人合議制成形，北条家掌握政治實權。

一二〇三年 北条時政滅亡比企能員一族。
源賴家被流放伊豆，隔年被暗殺身亡。
源實朝繼任鎌倉殿，北条時政成為鎌倉幕府首任執權。

一二〇五年　北条義時平定畠山重忠之亂。
鎌倉殿繼任者之爭，北条政子與義時勝出。
北条時政被流放伊豆，義時接任執權。
一二一三年　和田合戰，和田義盛戰死，和田一族滅亡。
一二一九年　源實朝在鶴岡八幡宮被姪子公曉刺殺身亡，源氏將軍三代血脈斷絕。
藤原三寅成為鎌倉殿。
一二二一年　承久之亂，朝廷大敗，後鳥羽上皇被流放隱岐。
幕府在京都設置六波羅探題，監視朝廷，勢力範圍擴展至全國。
一二二四年　北条義時去世，兒子泰時接任執權。
一二二五年　北条政子去世，長眠於壽福寺。
一二三二年　北条泰時制定「御成敗式目」，作為御家人的審判基準。
修築和賀江嶋人工港。
一二五二年　開始鑄造高德院大佛。
一二五三年　北条時賴迎請宋國蘭溪道隆開創建長寺。
一二六八年　北条時宗接任執權。
忽必烈派遣使者要求日本與南宋斷絕關係，北条時宗拒絕。
一二七四年　文永之役，元軍與高麗軍從九州博多灣登陸，遭遇暴風雨退兵。
一二七五年　忽必烈派遣使者要求幕府臣服於元，北条時宗拒絕並殺害使者。
一二八一年　弘安之役，元寇二度來襲，遇強烈颱風潰敗撤退。
一二八二年　北条時宗迎來無學祖元開創圓覺寺。
一三一八年　後醍醐天皇即位。
一三三一年　後醍醐天皇提出討幕計畫，護良親王、楠木正成舉兵攻擊幕府。
一三三三年　新田義貞攻入鎌倉，北条高時與族人自盡，鎌倉幕府滅亡。

附錄2：源氏與北条家系圖

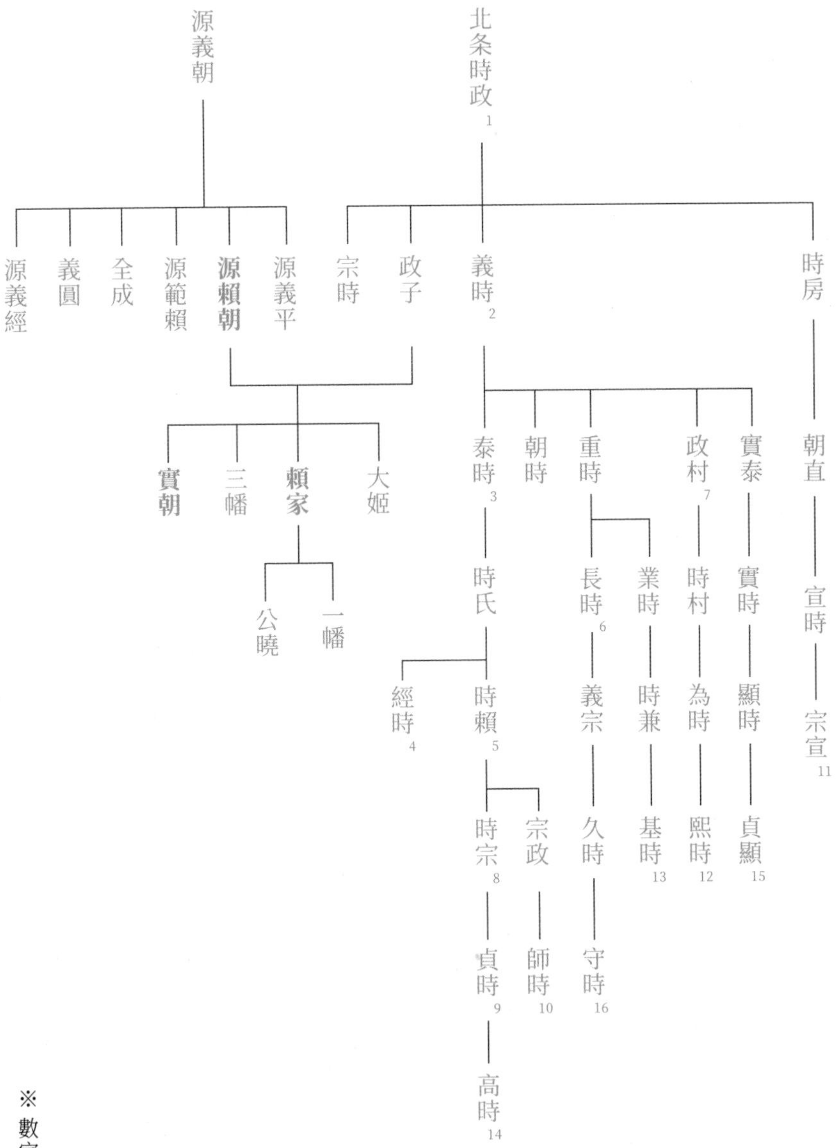

※數字為歷代執權

2AF695

鎌倉裏風景：

在地人才知道的私藏路線×絕景秘境×深度文化，來場大人旅的深度休日提案

作者　Aska
照片協力　岡林涉、鎌倉市觀光協会、公益社団法人藤沢市観光協会
責任編輯　李素卿
主編　溫淑閔
版面構成　江麗姿
封面設計　走路花工作室

行銷主任　辛政遠
資深企劃專員　楊惠潔
總編輯　姚蜀芸
副社長　黃錫鉉
總經理　吳濱伶
發行人　何飛鵬
出版　創意市集

發行　城邦文化事業股份有限公司
歡迎光臨城邦讀書花園
網址：www.cite.com.tw

香港發行所　城邦（香港）出版集團有限公司
九龍九龍城土瓜灣道86號
順聯工業大廈6樓A室
電話：(852) 25086231
傳真：(852) 25789337
E-mail：hkcite@biznetvigator.com

馬新發行所　城邦（馬新）出版集團
Cite (M) Sdn Bhd 41, Jalan Radin Anum, Bandar Baru Sri Petaling, 57000 Kuala Lumpur, Malaysia.
電話：(603) 90578822
傳真：(603) 90576622
E-mail：cite@cite.com.my

印刷　凱林彩印股份有限公司
2024年5月
Printed in Taiwan
定　價　390元

客戶服務中心
地址：115 臺北市南港區昆陽街16號5樓
服務電話：（02）2500-7718、（02）2500-7719
服務時間：周一至周五 9：30～18：00
24小時傳真專線：（02）2500-1990～3
E-mail：service@readingclub.com.tw

※廠商合作、作者投稿、讀者意見回饋，請至：
FB粉絲團・http://www.facebook.com/InnoFair
Email信箱・ifbook@hmg.com.tw

若書籍外觀有破損、缺頁、裝訂錯誤等不完整現象，想要換書、退書，或您有大量購書的需求服務，都請與客服中心聯繫。

國家圖書館出版品預行編目資料

鎌倉裏風景：在地人才知道的私藏路線X絕景秘境X深度文化，來場大人旅的深度休日提案–初版. --臺北市：創意市集出版：城邦文化發行, 2024.5
　面；　公分
ISBN 978-626-7336-91-5(平裝)

1.CST: 旅遊 2.CST: 日本鎌倉市

731.72749　　113003900